レッスンや
留学で使える!

シーン別 バレリーナに教わる

バレエ英会話

指導／伊藤友季子
Clara編

スマホ＆
タブレットで
音声が聞ける!

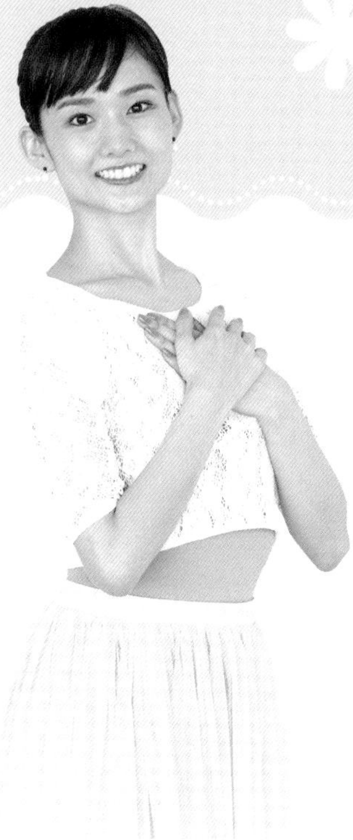

はじめに

バレエは体で感情やストーリーを表現し、
どこの国でも通じ合うことができるすばらしい芸術。
そのバレエを学ぶために、
英語を身につけておくことはとても大切です。

最近では、バレエを学ぶ環境《かんきょう》もグローバルになってきました。
日本にいても海外の先生のワークショップが受けられたり、
あこがれのダンサーがオンラインレッスンを開催《かいさい》してくれたり——
短期留学《たんきりゅうがく》やバレエ学校のサマースクールへ
行くチャンスも増《ふ》えてきました。

でもせっかくの機会がおとずれても、
「英語ができないから」とあきらめてしまうのは
とてももったいないですよね。
英語への苦手《にがて》意識《いしき》がなくなれば、
バレエがさらに楽しくなるはずです。

この本では、レッスンや公演会場、留学生活《りゅうがくせいかつ》など、
バレエを学ぶみなさんの日常のなかで役立つ表現を集めました。
主人公のマイの生活を通して、
ぜひ楽しみながら英会話にチャレンジしてみてください。
コラムでは、私自身がイギリスで生活していたとき、
またロイヤル・バレエ・スクールへ通っていたときのようすを
紹介《しょうかい》しているので、参考になればうれしいです。

英会話を学ぶことで、
みなさんの可能性《かのうせい》がもっともっと広がりますように！

伊藤友季子

Contents もくじ

登場人物

ゆきこ先生
元牧阿佐美バレヱ団プリンシパル。4才からイギリスで暮らし、5才でバレエを始める。11才からロイヤル・バレエ・スクールで学ぶ。

マイ Mai
バレエが大好きな12才の日本人の女の子。両親の仕事の関係で、1年前からイギリスで暮らしている。

アリス Alice
マイと同じバレエスクールに通うクラスメイト。マイのいちばんの親友で、明るく元気な性格。

リリー Lilly
アリスの学校でのクラスメイト。マイ、アリスと同じバレエスクールに通うことに。

エマ Emma
マイと同じバレエスクールに通う11才の女の子。バレエ学校の試験に合格し、寮生活を送ることに。

ルーシー Lucie
エマのルームメイト。同級生だがしっかりしていて、みんなのお姉さん的存在。

キャロライン・ベネット先生 Ms. Bennett
マイたちのバレエスクールの先生。元バレリーナで、レッスンはきびしいけれど、ふだんはとてもやさしい。

マイの両親
マイを温かく見守ってくれるお父さんとお母さん。バレエをがんばるマイをいつも応えんしてくれている。

YouTubeで
ゆきこ先生の発音が
聞けるよ！

音声の聞き方

① 各レッスンの最初のページにある二次元コードを、スマートフォンもしくはタブレットで読みこむと、YouTubeの再生リストにアクセスできます
② 右のようなマークが出てきたら同じタイトルの動画をタップし、音声を確認しましょう

動画リストの
Lesson 1 シーン1 Step 1
をチェック！

＊各レッスンの最後にHomeworkのページがあります。▶のマークがついた問題はリスニング問題なので、動画で音声を確認しながら解いてみましょう
＊英語は国や地域によって表現や発音にちがいがあります。この本では主にイギリスで使われている表現・発音で紹介しています

1 Lesson あいさつ・自己紹介をする

Lesson 1 の音声はここからチェック！

① シーン1 あいさつ

今日はレッスンの日。マイはバレエ教室に向かっています。
友だちとのあいさつのようすを見てみましょう。

1
I'm going to do my best in class today!
2
Hello, Alice! How are you?
Hello, Mai! I'm fine, thank you!
3
Yes!
Oh Emma! Have you finished class?
4
Goodbye! See you tomorrow!
Goodbye! Take care!

海外では、あいさつのあとに
「元気？」とようすを聞くことが多いんですよ。
そしてお友だちどうしでは、名字ではなく
名前（ファーストネーム）でよび合います。

Step 1
会話をチェック！

セリフの日本語訳を確認しましょう。

動画リストの
Lesson 1 シーン1 Step 1
をチェック！

I'm《アイム》 going《ゴゥイング》 to《ツゥ》 do《ドゥ》 my《マイ》 best《ベスト》 in《イン》 class《クラス》 today《トゥデイ》! 「今日もレッスンがんばるぞ！」

Hello《ハロゥ》, Alice《アリス》! How《ハウ》 are《アー》 you《ユー》? 「おはよう、アリス！ 元気？」

Hello《ハロゥ》, Mai《マイ》! I'm《アイム》 fine《ファイン》, thank you《サンキュー》! 「おはよう、マイ！ 元気よ、ありがとう。」

Oh《オゥ》 Emma《エマ》! Have《ハヴ》 you《ユー》 finished《フィニッシュド》 class《クラス》? 「あ、エマ！ レッスン終わったの？」

Yes《イエス》! 「うん！」

Goodbye《グッドバイ》! See《シー》 you《ユー》 tomorrow《トゥモロゥ》! 「さようなら！ また明日ね！」

Goodbye《グッドバイ》! Take《テイク》 care《ケア》! 「さようなら！ 気をつけてね！」

ゆきこ先生の London★ライフ

私は4才のときに父の仕事の都合《つごう》でイギリスのロンドンへ移り住み、現地の幼稚園《ようちえん》や小学校に通っていました。このコーナーでは、私が体験したロンドンでの生活や、イギリスのカルチャーについてもお届けしたいと思っています。

今回は、イギリスの雰囲気《ふんいき》について。気候は、晴れている日がめずらしいほどつねにどんよりとくもっていて、雨がとても多いです。ですからたまに晴れた日があると、みんな外に出て、公園などで日《にっ》光浴《こうよく》をするんですよ。

ロンドンはイギリスの首都で都会ではありますが、緑が多く、全体的にのんびりとした空気が流れている街です。レンガづくりのかわいい建物がならんでいて、ほんとうに『ハリー・ポッター』のような雰囲気なんです！

上はロイヤル・オペラ・ハウスの前にある、「ヤング・ダンサー」という像です。右はロンドンの中心地にあるハイド・パーク。白鳥やリスがいることもあるんですよ！

Step 2
表現をチェック！

時間帯やシチュエーション別のあいさつの表現を確認しましょう。

動画リストの
Lesson 1 シーン1 Step 2
をチェック！

おはよう
Good《グッド》 morning《モーニング》 / Hello《ハロゥ》

こんにちは
Good《グッド》 afternoon《アフタヌーン》 / Hello《ハロゥ》

こんばんは
Good《グッド》 evening《イーヴニング》 / Hello《ハロゥ》

おやすみなさい
Good《グッド》 night《ナイツ》

さようなら
Goodbye《グッドバイ》 / Bye《バイ》

また明日
See《シー》 you《ユー》 tomorrow《トゥモロゥ》

仲のよい友だちどうしでは、「Hello」や「Bye」などみじかいあいさつを使うとくだけた印象になります。道ですれちがったときなどは「Hi!（ハイ）」と声をかけるだけでもOK！

お礼やあやまるときの
言葉もおぼえておきましょう。
「Excuse me」をおぼえておくと、
だれかに話しかけたいときに
とてもべんりですよ！

ありがとう
Thank you《サンキュー》
Thank you《サンキュー》 very《ヴェリィ》 much《マッチ》（よりていねいな表現）

すみません
Excuse《エクスキューズ》 me《ミー》（だれかに声をかけるとき、ぶつかったときなど）

ごめんなさい
I'm《アイム》 sorry《ソーリー》（あやまるとき）

目上の人にお礼をいうときは「Thank you very much」を使いましょう

② シーン2 自己紹介

バレエ教室で、アリスがマイに友だちを紹介してくれました。
自己紹介しているようすを見てみましょう。

1
Mai, let me introduce you to my friend Lily.
2
Nice to meet you!
Nice to meet you Lily. I'm Mai. I'm from Japan.
3
Lily is learning the piano, and is very good.
Wow, that's great!
4
I'm happy to make new friends!

はじめての人に
会ったときは、
まず「Nice to meet you」と
自分の名前がいえればOK！
「introduce」は「紹介する」
という意味の単語です。
おぼえておきましょう♪

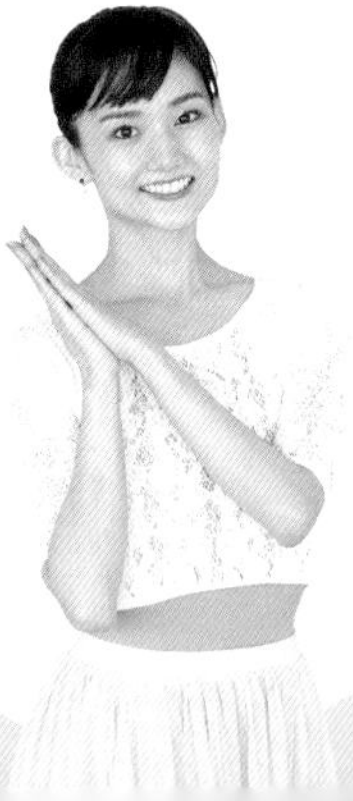

Step 1
会話をチェック！

セリフの日本語訳を確認しましょう。

動画リストの
Lesson 1 シーン2 Step 1
をチェック！

Mai《マイ》**, let**《レッツ》 **me**《ミー》 **introduce**《イントロデュース》 **you**《ユー》 **to**《ツゥ》 **my**《マイ》 **friend**《フレンド》 **Lily**《リリー》**.**
「マイ、私の友だちのリリーを紹介するわ。」

Nice《ナイス》 **to**《ツゥ》 **meet**《ミーツ》 **you**《ユー》**!** 「はじめまして！」

Nice《ナイス》 **to**《ツゥ》 **meet**《ミーツ》 **you**《ユー》**, Lily**《リリー》**. I'm**《アイム》 **Mai**《マイ》**. I'm**《アイム》 **from**《フロム》 **Japan**《ジャパン》**.**
「はじめまして、リリー。私はマイ。日本から来たの。」

Lily《リリー》 **is**《イズ》 **learning**《ラーニング》 **the**《ザ》 **piano**《ピアノ》**, and**《アンド》 **is**《イズ》 **very**《ヴェリィ》 **good**《グッド》**.**
「リリーはピアノを習っていて、とてもじょうずなのよ。」

Wow《ワォ》**, that's**《ザッツ》 **great**《グレィト》**!** 「まあ、すてき！」

I'm《アイム》 **happy**《ハッピー》 **to**《ツゥ》 **make**《メイク》 **new**《ニュー》 **friends**《フレンズ》**!** 「新しい友だちができてうれしい！」

教えて！ゆきこ先生！

あいさつにハグをするってほんとう？

初対面でハグをすることはほとんどありませんが、親しい関係になるとあいさつがわりにすることが多いです。会えてうれしいとき、ひさしぶりに会ったときなど、会えたよろこびをハグで表現します。

相手が両腕を広げて近づいてきたら、ハグの合図です。自分も両腕を広げ、軽く抱《だ》き合いましょう。ほほにキスをするふりのパターンもあります。相手の両側のほほに1回ずつ、「チュッ」と口で音を立てます（実際《じっさい》にほほに口はつけません）。手を差し出されたら、握手《あくしゅ》をしましょう。

日本人はボディタッチになれていない人が多いですが、外国では親しい人とのしぜんなあいさつです。「会えてうれしい！」という気持ちで応《こた》えましょう。きっと相手にその気持ちが伝わりますよ！

Step 2
表現をチェック！

自己紹介のときに使う表現を確認しましょう。

動画リストの
Lesson 1 シーン2 Step 2
をチェック！

♥はじめまして
Nice《ナイス》 to《ツゥ》 meet《ミーツ》 you《ユー》.

♥私の名前はマイです
My《マイ》 name《ネイム》 is《イズ》 Mai《マイ》.

♥あなたの名前は？
What's《ワッツ》 your《ユア》 name《ネイム》?

♥日本から来ました
I'm《アイム》 from《フロム》 Japan《ジャパン》.

♥あなたの出身はどこですか？
Where《ウェア》 are《アー》 you《ユー》 from《フロム》?

♥私は12才です。あなたは何才？
I'm《アイム》 12《トゥエルヴ》 years《イヤーズ》 old《オールド》. How《ハウ》 old《オールド》 are《アー》 you《ユー》?

♥私はバレエを９年間習っています
I《アイ》 have《ハヴ》 been《ビーン》 learning《ラーニング》 ballet《バレエ》 for《フォー》 9《ナイン》 years《イヤーズ》.

海外では、人と話すときに相手の目をしっかり見ることが礼儀です。はずかしがらずに、きちんと目を見て話しましょう！

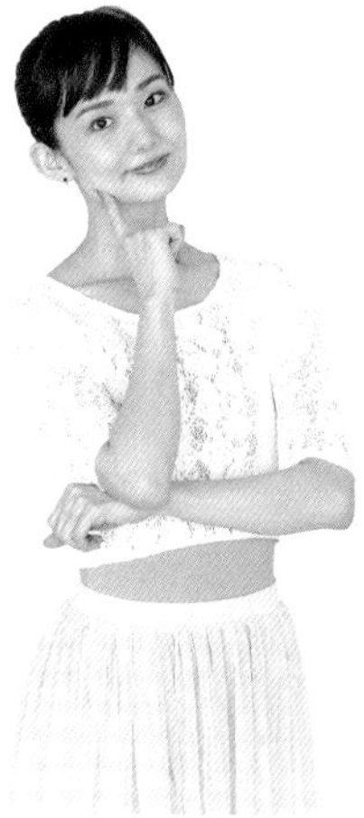

楽しくコミュニケーションを
とるためにも、自分のことを
紹介するだけでなく、
相手に質問できるようになると
素敵ですね★
まずはここで紹介している質問文を
マスターしてみてください！

Homework

今回のレッスン内容をふまえた問題にチャレンジ！
リスニング問題は動画で英文を聞きながら
解いてみましょう。

動画リストの
Lesson 1 Homework
をチェック！

1.

動画で①～③の単語を聞いて、どの場面で使われる言葉かA~Cのイラストから選びましょう。

①（　　　　　）　②（　　　　　）　③（　　　　　）

2.

動画でエマの自己紹介を聞いて、質問に答えましょう。

① エマの出身地はどこでしょうか？

（　　　　　　　　　　　　　　　　　　　　）

② エマはバレエを何年習っていますか？

（　　　　　　　　　　　　　　　　　　　　）

③ エマは何才ですか？

（　　　　　　　　　　　　　　　　　　　　）

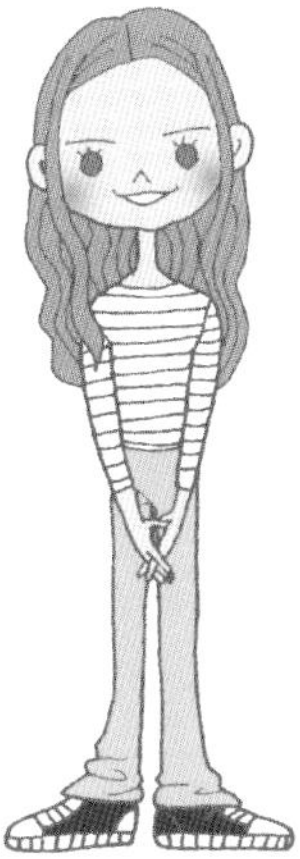

★答えは102ページへ

2 Lesson 場所の案内 決まりを説明する

Lesson 2の音声はここからチェック！

① シーン1 場所の案内

マイと同じバレエ教室に通うことになったリリー。
マイがバレエスクールを案内するようすを見てみましょう。

Lily, I'll show you to the studio.
Thank you!
This is the changing room. The studio is over there. You should take your towel and drink with you.
Where is the toilet?
It's next to the entrance.
Thank you, Mai. I'm looking forward to taking class!

場所を聞きたいときは、
「Where is the」のあとに聞きたい場所の単語をいいましょう。
「the」は基本的には「ザ」と読みますが、
「entrance」など「ア・イ・ウ・エ・オ」の音から始まる
単語の前にある場合は「ディ」と読みますよ。

Step 1
会話をチェック！

セリフの日本語訳を確認しましょう。

動画リストの
Lesson 2 シーン1 Step 1
をチェック！

Lily《リリー》**, I'll**《アイル》 **show you**《ショウユー》 **to**《ツゥ》 **the**《ザ》 **studio**《ストゥディオ》**.** 「リリー、スタジオを案内するわ。」

Thank you《サンキュー》**!** 「ありがとう！」

This《ディス》 **is**《イズ》 **the**《ザ》 **changing room**《チェインジングルーム》**.** 「ここが更衣室《こういしつ》。」

The《ザ》 **studio**《ストゥディオ》 **is**《イズ》 **over**《オーヴァ》 **there**《ゼア》**.** 「スタジオはあっちよ。」

You《ユー》 **should**《シュド》 **take**《テイク》 **your**《ユア》 **towel**《タウエル》 **and**《アンド》 **drink**《ドリンク》 **with**《ウィズ》 **you**《ユー》**.**

「タオルと飲み物をもって行くといいわ。」

Where《ウェア》 **is**《イズ》 **the**《ザ》 **toilet**《トイレット》**?** 「トイレはどこ？」

It's《イッツ》 **next**《ネクスト》 **to**《ツゥ》 **the**《ディ》 **entrance**《エントランス》**.** 「入口の横よ。」

Thank you《サンキュー》**, Mai**《マイ》**.** 「ありがとう、マイ。」

I'm《アイム》 **looking**《ルッキング》 **forward**《フォーワード》 **to**《ツゥ》 **taking**《テイキング》 **class**《クラス》**!** 「レッスン受けるの楽しみ！」

ゆきこ先生の London★ライフ

右は5才から通っていたバレエ教室。ひとりだけ立っているのが私です。下はRADの恩師、ホリー・プライス先生と。バレエの先生としても、人としても尊敬する先生です

私がバレエを始めたのは、イギリスに住んでいた5才のとき。同じ幼稚園《ようちえん》のお友だちがバレエを習っていて、私もやりたい！　といったのがきっかけです。最初は教会の横にあるホールで開かれていたお教室に通っていましたが、もっと本格的にバレエを学びたいと思い、7才のときにRAD*の本校へ移りました。週末には、ジュニア・アソシエート（Junior Associates）というロイヤル・バレエ・スクールの土曜学校にも通っていて、そこでは子役としてロイヤル・バレエの舞台に立つ機会もありました。そして11才でロイヤル・バレエ・スクールへ入学。基本的に寮《りょう》に入る決まりだったので、家族とはなれて暮らす生活が始まりました。

*RAD……ロイヤル・アカデミー・オブ・ダンス

初舞台はロイヤル・バレエの「ピーターラビットと仲間たち」(The Tales of Beatrix Potter)。男の子の田舎ねずみの役でした。あこがれのダンサーと同じステージに立ち、バレエに対する夢が大きくふくらんだのを覚えています！

Step 2
単語をチェック!

バレエスクール内のいろんな場所や物の名前をチェックしましょう。

動画リストの
Lesson 2 シーン1 Step 2
をチェック!

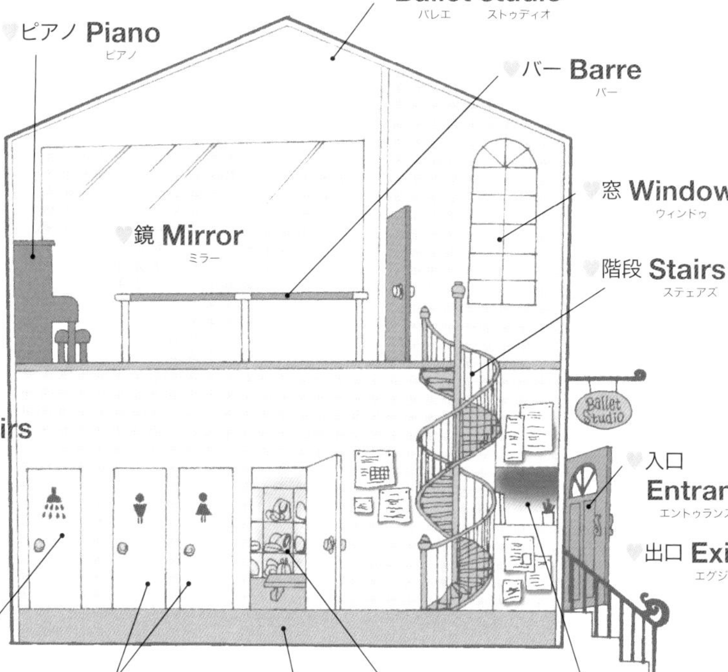

バレエスタジオ **Ballet《バレエ》 studio《ストゥディオ》**

ピアノ **Piano《ピアノ》**

バー **Barre《バー》**

窓 **Window《ウィンドゥ》**

鏡 **Mirror《ミラー》**

上の階 **Upstairs《アプステァズ》**

階段 **Stairs《ステァズ》**

下の階 **Downstairs《ダウンステァズ》**

入口 **Entrance《エントゥランス》**

出口 **Exit《エグジット》**

トイレ **Toilet《トイレット》**

「Bathroom」や「Restroom」が使われることもあります。アメリカで「Toilet」は「便器」の意味なので、気をつけましょう

更《こう》衣《い》室《しつ》 **Changing《チェインジング》 room《ルーム》**

シャワールーム **Shower《シャワー》 room《ルーム》**

ろうか **Corridor《コリドー》**

アメリカでは「Hall」が使われます

受付 **Reception《レセプション》**

更衣室は「Dressing《ドゥレッシング》 room《ルーム》」と表現する場合もあります。

Step 3
表現をチェック！

人に場所を聞いたり、案内をしたりするときに使う表現を確認しましょう。

動画リストの
Lesson 2 シーン1 Step 3
をチェック！

トイレはどこですか？
Where《ウェア》 is《イズ》 the《ザ》 toilet《トイレット》?

入口のとなりです
It's《イッツ》 next《ネクスト》 to《ツゥ》 the《ディ》 entrance《エントランス》.

スタジオへの行き方を教えてください
Please《プリーズ》 tell《テル》 me《ミー》 the《ザ》 way《ウェイ》 to《ツゥ》 the《ザ》 studio《ストゥディオ》.

まっすぐ行って右側です
Go《ゴー》 straight《ストレィト》 and《アンド》 it's《イッツ》 on《オン》 your《ユア》 right《ライト》.

上の階に上がって左側です
It's《イッツ》 upstairs《アップステェアズ》 on《オン》 your《ユア》 left《レフト》.

「down」は「下がる」以外にも、「そのまま行く」という意味で使われることがあります

ろうかをまっすぐ行って右側です
Go《ゴー》 straight《ストレィト》 down《ダウン》 the《ザ》 corridor《コリドー》 and《アンド》 it's《イッツ》 on《オン》 your《ユア》 right《ライト》.

貴重品《きちょうひん》はスタジオにもって行ってください
Bring《ブリング》 your《ユア》 valuables《ヴァリュゥアブル》 with《ウィズ》 you《ユー》 to《ツゥ》 the《ザ》 studio《ストゥディオ》.

valuables……貴重品

好きなロッカーを使ってください
You《ユー》 can《キャン》 use《ユーズ》 any《エニィ》 locker《ロッカー》 you《ユー》 like《ライク》.

レッスン料は受付で支払《しはら》ってください
Pay《ペイ》 your《ユア》 class《クラス》 fees《フィーズ》 at《アット》 the《ザ》 reception《レセプション》.

class fees……レッスン料

先生やスタッフから
いわれたときに理解
できるよう、バレエ教室で
よく使われる表現を
覚えておきましょう。

シーン2

決まりを説明する

3人がスタジオに入り、リリーにレッスンについての
決まりを説明するようすを見てみましょう。

It's a big studio!
Which barre should I use?
Anywhere you like!
You can put your pointe shoes on the shelf, or near the barre.
OK!
Let's stretch before class begins!

「Let' s～」は
「～しよう」という意味。
さまざまないい回しで
登場するので、
覚えておいてくださいね！

Step 1
会話をチェック!

セリフの日本語訳を確認しましょう。

動画リストの
Lesson 2 シーン2 Step 1
をチェック!

It's《イッツ》 a《ア》 big《ビッグ》 studio《ストゥディオ》! 「広いスタジオね!」

Which《ウイッチ》 barre《バー》 should《シュド》 I《アイ》 use《ユーズ》? 「どのバーを使えばいいの?」

Anywhere《エニィウェア》 you《ユー》 like《ライク》! 「どこでもだいじょうぶよ!」

You《ユー》 can《キャン》 put《プット》 your《ユア》 pointe《ポイント》 shoes《シューズ》 on《オン》 the《ザ》 shelf《シェルフ》, or《オア》 near《ニア》 the《ザ》 barre《バー》.
「トウシューズは棚《たな》に置くか、バーの近くに置いてね。」

OK《オーケー》! 「オッケー!」

Let's《レッツ》 stretch《ストレッチ》 before《ビフォア》 class《クラス》 begins《ビギンズ》!
「レッスンが始まる前にストレッチしよう!」

教えて!
ゆきこ先生!

イギリスでは家のなかでも靴《くつ》をぬがないの?

私がロンドンで暮らしていたときは玄関《げんかん》で靴をぬいでスリッパにはきかえていましたが、イギリスのほとんどの家庭では、家のなかでも靴をぬぎません。友だちの家に遊びに行ったとき、リビングやベッドルームまで靴のままで入るのはとても違和感《いわかん》がありました(笑)。ただ最近は靴をぬぐ家庭も増えてきているので、ほかのお宅におじゃまするときには靴をぬぐかどうか確認するとていねいですね。

また、土足なのはバレエスクールも同じ。更衣室でバレエシューズにはきかえ、靴はロッカーの近くの床やスタジオの入口にならべて置いておくことが多いですよ。

Step 2
単語をチェック！

バレエグッズは英語で何というのか確認しましょう。

動画リストの
Lesson 2 シーン2 Step 2
をチェック！

- レオタード **Leotard《リオタード》**
- タイツ **Tights《タイツ》**
- バレエシューズ **Ballet《バレエ》 shoes《シューズ》**
- トウシューズ **Pointe《ポイント》 shoes《シューズ》**
- ヘアピン **Hair《ヘァ》 pins《ピンズ》**
- シニヨンネット **Bun《バン》 net《ネッツ》**
- タオル **Towel《タウェル》**

- バレエバッグ **Dance《ダンス》 bag《バッグ》／Ballet《バレエ》 bag《バッグ》**
- 松やに **Rosin《ロジン》**
- レッグウォーマー **Legwarmers《レッグウォーマーズ》**
- ヘアバンド **Hairband《ヘァバンド》**
- 巻きスカート **Ballet《バレエ》 skirt《スカァト》**

バレエグッズは日本と
同じ表現のものが多いですね。
でも「トウシューズ」は
通じないので
注意しましょう！

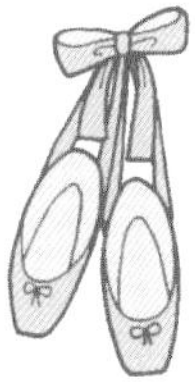

Homework

今回のレッスン内容をふまえた問題にチャレンジ！
リスニング問題は動画で英文を聞きながら
解いてみましょう。

動画リストの
Lesson 2 Homework
をチェック！

1. マイが身につけているバレエグッズの単語を英語で書いてみましょう。

① L_ _ _ _ _ _ _　② Da_ _ _ b_ _

③ To_ _l　④ L_ _wa_ _ _rs

⑤ Ballet _ _ _ _ _

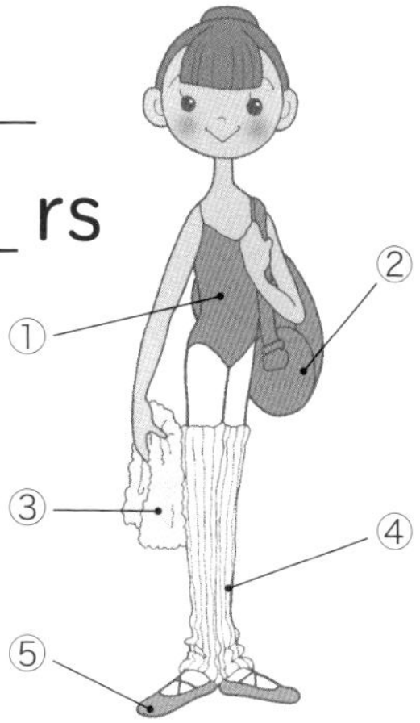

2. つぎの文章を、英文で書いてみましょう。

① トイレはどこですか？

_ _ _ _ _ is the toilet?

② 更衣室への行き方を教えてください

Please _ _ _ _ me the _ _ _ to the changing room.

③ どのバーを使えばいいの？

Which _ _ _ _ _ should I _ _ _?

3. 動画でマイがリリーにスタジオを案内している英文を聞いて、以下の質問に答えましょう。

① 更衣室のとなりは何の部屋ですか？

(　　　　　　　　　　　　　　　　　　　　)

② スタジオは1階と2階、どちらにあるでしょうか？

(　　　　　　　　　　　　　　　　　　　　)

③ トウシューズはどこに置きますか？

(　　　　　　　　　　　　　　　　　　　　)

★答えは102ページへ

3 Lesson クラス・レッスン Part 1

Lesson 3の音声はここからチェック！

① シーン1 バー・レッスン①

今日はマイたちのレッスンの日。
まずはバー・レッスンのようすを見てみましょう。

Let's begin class.
Take the barre.
Both hands on the
barre and plie!
Pull up your
stomach...yes.
Mai, much better!

イギリスではレッスンのことを
「クラス」といいます。
レッスンの流れは日本と同じ。
先生やピアニストさんに
レヴェランスをして始まります。

Step 1
会話をチェック!

セリフの日本語訳を確認しましょう。

動画リストの
Lesson 3 シーン1 Step 1
をチェック!

Let's《レッツ》 begin《ビギン》 class《クラス》. 「レッスンを始めましょう。」

Take《テイク》 the《ザ》 barre《バー》. Both《ボース》 hands《ハンズ》 on《オン》 the《ザ》 barre《バー》 and《アンド》 plie《プリエ》!
「バーについて。両手バーでプリエ!」

Pull《プル》 up《アップ》 your《ユア》 stomach《スタマック》...yes《イエス》. 「おなかを引き上げて……そうよ。」

Mai《マイ》, much《マッチ》 better《ベター》! 「マイ、よくなったわよ!」

Not very good.

注意されるときは「Not very good(ノット ヴェリィ グッド):あまりよくありません」「Not good(ノット グッド):よくありません」という表現が使われます

5才のとき、はじめてのレッスンへ向かう車内にて。ワクワク感が顔からあふれています(笑)

ゆきこ先生の
London★ライフ

私が最初にバレエを習ったのは、教会の横にあるホールで開かれていたアットホームな教室。レッスンでは指定のレオタード、ソックス、バレエシューズ、ヘアバンドを身につけて、スキップで体を動かしたり、シチュエーションを想像してマイムをしたりしていました。そこで音楽に合わせて友だちといっしょに踊るのがほんとうに楽しくて。「もっと本格的にバレエを習いたい!」と思い、7才のときにRADの本校へ。学校から少し遠かったので、おにぎりを食べながら母と急いで移動して通っていました。RADはこまかくカリキュラムが決まっていて、毎年上達をチェックするグレード試験を受けてクラスが上がっていくシステム。たいへんでしたが、毎回のレッスンが楽しかったことを覚えています。とくにサマースクールは世界中からレベルの高い生徒が集まるので、とてもよい刺激《しげき》になりました!

Step 2
表現をチェック!

レッスンで先生がよく使う表現を確認しましょう。

動画リストの
Lesson 3 シーン1 Step 2
をチェック!

レッスンを始めましょう

Let's《レッツ》 begin《ビギン》 class《クラス》.

バーについて

Take《テイク》 the《ザ》 barre《バー》.

両手バーで

Both《ボース》 hands《ハンズ》 on《オン》 the《ザ》 barre《バー》.

片手 / 右手 / 左手

One《ワン》 hand《ハンド》 / Right《ライト》 hand《ハンド》 / Left《レフト》 hand《ハンド》

カウントでやってみましょう

Let's《レッツ》 try《トライ》 with《ウィズ》 counts《カウンツ》.

音楽でやってみましょう

Let's《レッツ》 try《トライ》 with《ウィズ》 the《ザ》 music《ミュージック》.

バレエのパの名前は
フランス語が中心。
Plie《プリエ》、Port de bras《ポール・ド・ブラ》など、
イギリスでも同じ
いい方なんですよ!

もういちど **Again《アゲイン》 / Repeat《リピート》**

速く **Quickly《クイックリー》**

ゆっくり **Slowly《スロゥリー》**

上げる **Lift《リフト》**

下げる **Lower《ロワー》**

Step 3
単語をチェック！

体の部位を表す単語を確認しましょう。

動画リストの
Lesson 3 シーン1 Step 3
をチェック！

ここでは全て単数形で紹介しています。左右の腕や脚の部位を表すときには複数形になり、語尾に「s」がつきます

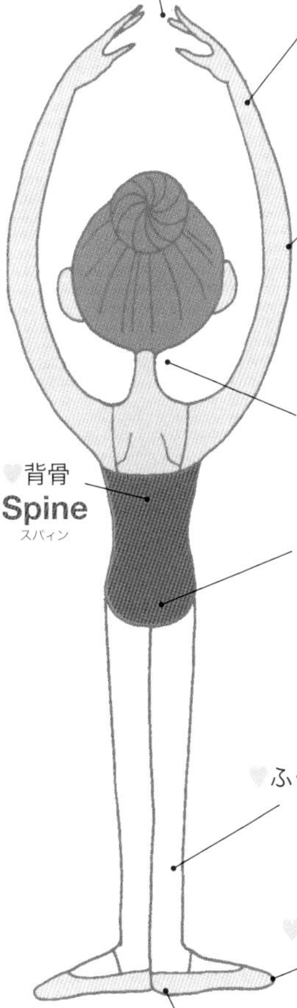

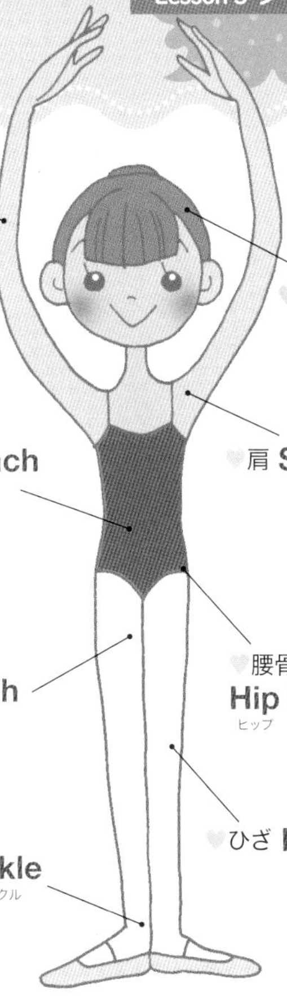

体の部位の単語を知っておくと、
先生にどこを注意されているのかが
すぐわかりますよ。
レベルの高いクラスになると、
「Abdominal《アブダマナル》：腹筋《ふっきん》」
「Shoulder《ショルダー》 blade《ブレイド》：肩甲骨《けんこうこつ》」
といった筋肉や骨の名前も
使われます。

②
シーン2

バー・レッスン②

バー・レッスンも後半へ。
複雑になってきた先生の注意に注目して見てみましょう。

Next, developpe with one hand on the barre!
1
Go into promenade and to ecarte!
2
Try not to turn in. En dehors from the top of the leg.
3
Have a rest.
4

「Try not to～」は、
「～しないようにして」
という表現。
「En dehors」は「Turn《ターン》 out《アウト》」と
いうこともありますよ。

Step 1
会話をチェック!

セリフの日本語訳を確認しましょう。

動画リストの
Lesson 3 シーン2 Step 1
をチェック!

Next,《ネクスト、》 developpe《デヴェロッペ》 with《ウィズ》 one《ワン》 hand《ハンド》 on《オン》 the《ザ》 barre!《バー》
「つぎ、片手バーでデヴェロッペ!」

Go《ゴー》 into《インツゥ》 promenade《プロムナード》 and《アンド》 to《ツゥ》 ecarte.《エカルテ》
「プロムナードしてエカルテへ。」

Try《トライ》 not《ノット》 to《ツゥ》 turn《ターン》 in.《イン》 En《アン》 dehors《ドゥオール》 from《フロム》 the《ザ》 top《トップ》 of《オブ》 the《ザ》 leg.《レッグ》
「内脚にならないで。脚のつけ根からアン・ドゥオール。」

Have《ハヴ》 a《ア》 rest.《レスト》「休憩《きゅうけい》しましょう。」

memo

Step 2
表現をチェック!

体の使い方の注意など、レッスンでよく使われる表現を確認しましょう。

おなかを引き上げて
Pull《プル》 up《アップ》 your《ユア》 stomach《スタマック》.

内ももを使って
Use《ユーズ》 your《ユア》 inner《イナー》 thighs《サイズ》.

腕を柔らかく使って
Use《ユーズ》 your《ユア》 arms《アームス》 softly《ソフトリィ》.

つま先をのばして
Stretch《ストレッチ》 your《ユア》 toes《トゥズ》.

動画リストの
Lesson 3 シーン2 Step 2
をチェック!

Do you understand?
Yes!!

先生から「Do you understand?（ドゥー ユー アンダースタンド）:わかりましたか?」と聞かれたら、「Yes（イエス）:はい」「No（ノー）:いいえ」としっかり伝えましょう

このほかにも
「Straight《ストレイト》:まっすぐ」
「Extend《エクステンド》:さらに遠くに」
などの単語を覚えておくと、
先生から注意をいただいたときに
内容をすぐ理解できますよ。

床をおして
Push《プッシュ》 the《ザ》 floor《フロア》.

とてもいいです
Very《ヴェリィ》 good《グッド》.

すばらしい
Excellent《エクセレント》.

よくなりました
Much《マッチ》 better《ベター》.

Homework

今回のレッスン内容をふまえた問題にチャレンジ！
リスニング問題は動画で英文を聞きながら
解いてみましょう。

動画リストの
Lesson 3 Homework
をチェック！

1. 体の部位の単語を英語で書いてみましょう。

① F_ _g_ _

② A_ _

③ H_ _d

④ In_ _ _ t_ _ _h

⑤ To_

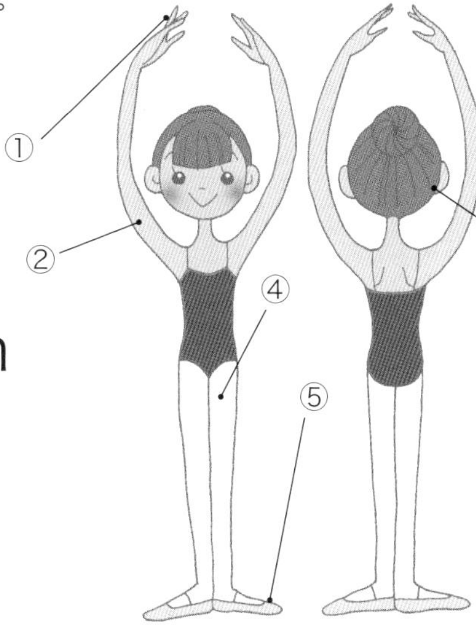

2. つぎの文章を、英文で書いてみましょう。

① レッスンを始めましょう

L_ _'s b_ _ _ _ class.

② おなかを引き上げて

P_ _ _ up your s_ _ _ _ _ _ _.

3. 動画で先生のセリフを聞いて、以下の質問に答えましょう。

① 何のパを練習していますか？

(　　　　　　　　　　　　　　　　)

② マイへの注意は何ですか？

(　　　　　　　　　　　　　　　　)

③ アリスへの注意は何ですか？

(　　　　　　　　　　　　　　　　)

★答えは102ページへ

4 Lesson クラス・レッスン Part 2

Lesson 4 の音声はここからチェック！

① シーン1 センター・レッスン①

マイたちはクラス・レッスン中。
これからセンターが始まります。

Let's begin
centre.
Line up in fours.
We'll do adagio.
○×△※〜…
Do you understand?
Ms.Bennett!
Could you repeat
that, please?
OK!

先生に呼びかけるときには、
女性の場合は「Ms.（ミズ）」、
男性の場合は「Mr.（ミスター）」を
名字につけて呼びます。

Step 1
会話をチェック！
セリフの日本語訳を確認しましょう。

動画リストの
Lesson 4 シーン1 Step 1
をチェック！

Let's《レッツ》 begin《ビギン》 centre《センター》. 「センターを始めます。」

Line《ライン》 up《ナップ》 in《イン》 fours《フォーズ》. We'll《ウィール》 do《ドゥ》 adagio《アダージオ》.
「4人ずつならんで。アダージオをします。」

Do《ドゥ》 you《ユー》 understand《アンダースタンド》? 「わかりましたか？」

Ms.《ミズ》Bennett!《ベネット！》 「ベネット先生！」

Could《クッド》 you《ユー》 repeat《リピート》 that《ザット》, please《プリーズ》? 「もういちどくり返してください。」

教えて！ゆきこ先生！

海外の先生のレッスンを受けるときに気をつけることは？

日本人は基本的にまじめで、先生の話をよく聞き、レッスン中の態度《たいど》がとてもいいと海外の先生から評価《ひょうか》されることが多いです。そのような点はぜひ大切にしてください。でも欠点があるとすれば、レッスンに対して受け身になってしまうこと。海外の生徒たちは、自分をアピールしたり、問いかけに反応したりすることが当たり前です。先生が何か質問をしてきたら、はずかしがらずに目を見てはっきり答えましょう。「Do you understand?」の問いかけに笑顔で「Yes!」と答えるだけで、この子は積極的《せっきょくてき》にレッスンを受けているな、と感じてもらえます。ぎゃくに何も反応がないと、楽しくないのかな、やる気がないのかな、と思われてしまい、自分が損《そん》をすることになってしまいますよ。

はじめての場所や先生のレッスンは、とても緊張すると思います。でもせっかくレッスンを受けるなら、勇気を出して前に出て、ぜひ笑顔で踊ってくださいね！

Step 2
表現をチェック!

センター・レッスンで先生がよく使う表現を確認しましょう。

動画リストの
Lesson 4 シーン1 Step 2
をチェック!

4人ずつならんで
Line《ライン》 up《ナップ》 in《イン》 fours《フォーズ》.

2つのグループで
In《イン》 two《ツー》 groups《グループス》.

ななめに進む
Go《ゴー》 diagonally《ダィアゴナリー》.

円で進む
In《イン》 a《ア》 circle《サークル》.

鏡のほうを向いて
Face《フェイス》 the《ザ》 mirror《ミラー》.

スポットを決めて
Keep《キープ》 spotting《スポッティング》.

テンポに合わせて
On《オン》 the《ザ》 beat《ビート》.

遅《おく》れないで
Don't《ドント》 be《ビー》 late《レイト》.

力をぬいて
Loosen《ルースン》.

力を入れて
Tense《テンス》.

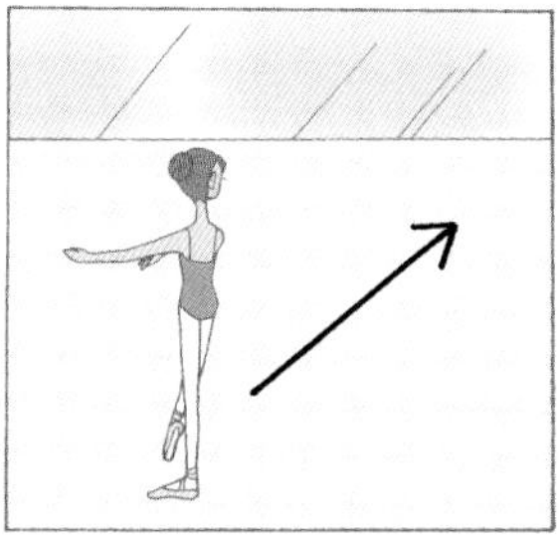

「Circle」や「Face」など、
みなさんにとってなじみのある単語もありますね。
「diagonal」は「対角線の、ななめの」という意味。
ピケ・トゥールやバロネなどで
ななめで進むときによく使われます。

Step 3
表現をチェック!

レッスン中、先生に質問するときの表現を確認しましょう。

動画リストの
Lesson 4 シーン1 Step 3
をチェック!

もういちどくり返してください
Could《クッド》 you《ユー》 repeat《リピート》 that《ザット》 again《アゲイン》?

もういちどいってください
Could《クッド》 you《ユー》 say《セイ》 that《ザット》 again《アゲイン》?

もういちど見せてください
Could《クッド》 you《ユー》 show《ショウ》 me《ミー》 that《ザット》 again《アゲイン》?

どっちの脚が前か教えてください
Could《クッド》 you《ユー》 tell《テル》 me《ミー》 which《ウィッチ》 leg《レッグ》 is《イズ》 in《イン》 front《フロント》?

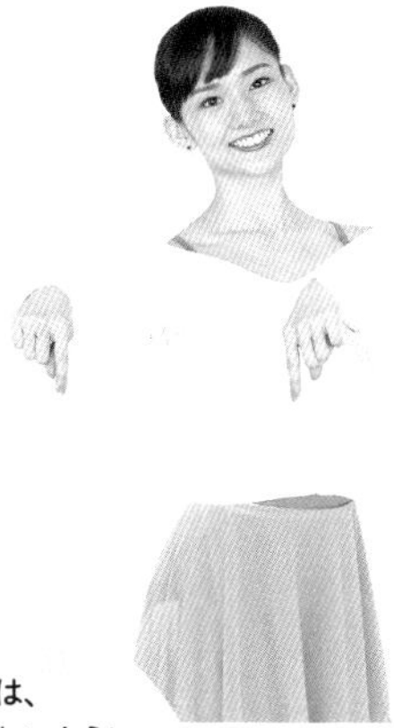

何か質問があったときには、
レッスンの流れのじゃまにならないように
先生の名前を呼び
「I《アイ》 have《ハヴ》 a《ア》 question《クゥエスチョン》.」
といって質問をする許可《きょか》をもらいましょう。

Ms.Bennett!!
I have a question.

②
シーン2

センター・レッスン②

センター・レッスンも後半へ。
トウシューズでのレッスンのようすを見てみましょう。

Put your
pointe shoes on.
1
Let's warm up the feet
on the barre.
2
3
Breathe!
Feel the music!
We'll finish class.
4

レッスンの終わりには、
「Thank you Ms. ／ Mr. ●●
（先生の名前）」と先生に
お礼をいいながらレヴェランスを
することが多いですよ。

Step 1
会話をチェック！

セリフの日本語訳を確認しましょう。

動画リストの
Lesson 4 シーン2 Step 1
をチェック！

Put《プット》 your《ユア》 pointe《ポイント》 shoes《シューズ》 on《オン》. 「トウシューズをはいてください。」

Let's《レッツ》 warm《ウォーム》 up《アップ》 the《ザ》 feet《フィート》 on《オン》 the《ザ》 barre《バー》.
「バーで足ならしをしましょう。」

Breathe《ブリーズ》! Feel《フィール》 the《ザ》 music《ミュージック》! 「呼吸して！　音楽を感じて！」

We'll《ウィール》 finish《フィニッシュ》 class《クラス》. 「レッスンを終わります。」

ゆきこ先生の
London★ライフ

私は11才のときにオーディションに合格し、ロイヤル・バレエ・スクールに入学しました。スクールは11～16才の生徒が学ぶロウアースクールと、16～18才の生徒が学ぶアッパースクールに分かれていて、私が入学したのはロウアースクール。ホワイト・ロッジとよばれる校舎《こうしゃ》は、ロンドンのリッチモンドパークという広い公園のなかにあり、自然ゆたかな環境のなかで寮生活をしながらバレエと学業を学びます。家族とはなれ、10人ほどの大部屋で生活をしなければならなかったので、心細くなったときもありましたが、ダンサーをめざして世界中から集まってくる仲間といっしょに過ごすことができたのは、とても刺激的でした！

右：ホワイト・ロッジの寮にて

Yorkshire Ballet Seminarsというサマースクールにて、日本人のお友だちと

レッスンは徹底的《てっていてき》に基礎を重視していて、低学年ではフェッテやグラン・ジャンプなどの大きなテクニックは教わりません。アン・ドゥオールやつま先の使い方などをこまかく、くり返し学び、年に1回の進級試験でマスターできているかチェックされるんですよ。きびしくもありましたが、バレエ漬《づ》けでほんとうに幸せな日々でした。

Step 2
レッスンで使う表現をチェック！

レッスンで先生がよく使う表現を確認しましょう。

動画リストの
Lesson 4 シーン2 Step 2
をチェック！

トウシューズをはいてください
Put《プット》 your《ユア》 pointe《ポイント》 shoes《シューズ》 on《オン》.

ウォームアップをしましょう
Let's《レッツ》 do《ドゥ》 warm《ウォーム》 up《アップ》 exercises《エクササイズィズ》.

足ならしをしましょう
Let's《レッツ》 warm《ウォーム》 up《アップ》 the《ザ》 feet《フィート》.

ポアントに立ちきって
Go《ゴー》 on《オン》 full《フル》 pointe《ポイント》.

ドゥミを通って
Go《ゴー》 through《スルー》 demi《ドゥミ》-pointe《ポイント》.

足ゆびを使って
Use《ユーズ》 your《ユア》 toes《トウズ》.

トウシューズでの
レッスンでは、足先についての
注意が多くなりますよね。
日本でよく使われる
「かま足」「バナナ足」は、
英語でも「Sickle《シックル》 foot《フット》」「Banana《バナナ》 foot《フット》」
というんですよ！

＊Sickle……かま

Homework

今回のレッスン内容をふまえた問題にチャレンジ！
リスニング問題は動画で英文を聞きながら
解いてみましょう。

動画リストの
Lesson 4 Homework
をチェック！

1. **動画で①～③の文章を聞いて、どの場面のことを話しているか、A～Cのイラストから選びましょう。**

①（　　　　　）②（　　　　　）③（　　　　　）

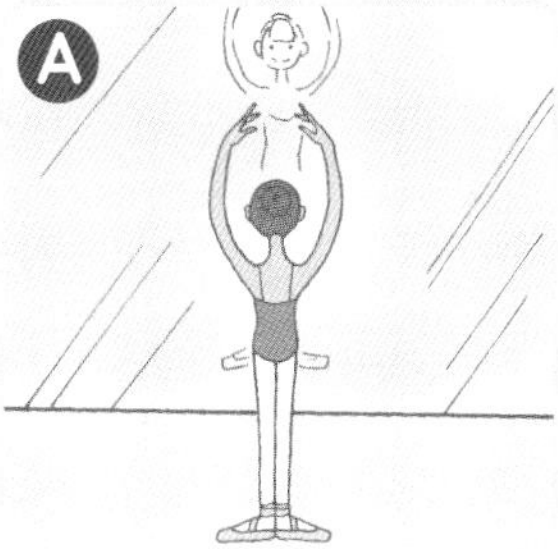

2. **つぎの文章を、英文で書いてみましょう。**

① もういちどくり返してください

C____ you r______ that, please.

② バーで足ならしをしましょう

Let’s w___ up the f___ on the barre.

3. **動画で先生と生徒の会話を聞いて、以下の質問に答えましょう。**

① 生徒たちは何人ずつならんでいますか？

（　　　　　　　　　　　　　　）

② 何のアンシェヌマンの説明をしていますか？

（　　　　　　　　　　　　　　）

③ リリーは先生にどんな質問をしましたか？

（　　　　　　　　　　　　　　）

★答えは102ページへ

5 Lesson 公演を見に行く

Lesson 5の音声はここからチェック！

① シーン1 開演前

マイは家族でバレエ公演を見に来ました。
開演前のようすを見てみましょう。

I can't wait to see the Nutcracker!
I'd like to leave this coat here.
Please tell me where my seat is.
Of course.
It's going to start soon!

何かを教えてほしいときに
使う「Please tell me」は
前回も出てきましたね。
そこに場所を聞くための「Where」を
つなげると、自分の席の場所を
聞く表現にも使えますよ。

Step 1
会話をチェック！

セリフの日本語訳を確認しましょう。

動画リストの
Lesson 5 シーン1 Step 1
をチェック！

I《アイ》 can't《カント》 wait《ウェイツ》 to《ツゥ》 see《シー》 the《ザ》 Nutcracker《ナッツクラッカー》!
「『くるみ割り人形』を見るの、楽しみだな！」

I'd《アイド》 like《ライク》 to《ツゥ》 leave《リーヴ》 this《ディス》 coat《コート》 here《ヒア》. 「このコートを預《あず》かってください。」

Please《プリーズ》 tell《テル》 me《ミー》 where《ウェア》 my《マイ》 seat《シート》 is《イズ》. 「私の席を教えてください。」

Of《オフ》 course《コース》. 「もちろん。」

It's《イッツ》 going《ゴーイング》 to《ツゥ》 start《スタート》 soon《スーン》! 「もうすぐ始まる！」

ゆきこ先生の
London★ライフ

2018年の10月、ひさしぶりにロンドンをおとずれました。文化庁の在外研修《ざいがいけんしゅう》でロイヤル・バレエの2010/2011シーズンに参加して以来、7年ぶり。リニューアルしたばかりのロイヤル・オペラ・ハウスにも足を運びました。劇場があるのは、おしゃれなお店や劇場が集まるロンドンの中心地、コヴェント・ガーデン。美しいガラス張りの正面入口から入ると、カフェやショップのならぶ開放的なロビーがあります。最上階のレストランにはバルコニーがあり、そこからはロンドンを一望できるんですよ。客席以外のエリアはチケットをもっていなくても入れるので、だれでも自由に優雅《ゆうが》な時間を過ごすことができます。

上は劇場の外観。昼間はこのガラスからロビーに光がさしこんで、とてもきれいでした。休憩中はロビーでロイヤル・オペラ・ハウスオリジナルのアイスクリームを食べる人が多いんですよ。私もお気に入りです♪　右は劇場内のようす。豪華で重厚感のある内装です

このときに見たのは高田茜《たかだあかね》ちゃん主演の『マイヤリング』。ほんとうにすばらしい舞台でした！　そのあと茜ちゃんや金子扶生《かねこふみ》ちゃんとゆっくりお話しすることもできて、とても充実《じゅうじつ》した滞在《たいざい》になりました。

Step 2
単語をチェック!

バレエの作品名がイギリスで何と呼ばれるのか確認しましょう。

動画リストの
Lesson 5 シーン1 Step 2
をチェック!

眠れる森の美女 Sleeping《スリーピング》 Beauty《ビューティー》

白鳥の湖 Swan《スワン》 Lake《レイク》

くるみ割り人形 The《ザ》 Nutcracker《ナッツクラッカー》

ロミオとジュリエット
Romeo《ロメオ》 and《アンド》 Juliet《ジュリエット》

ジゼル Giselle《ジゼル》

ラ・バヤデール La《ラ》 Bayadere《バヤデー》

海賊《かいぞく》 Le《ル》 Corsaire《コーセア》

シンデレラ Cinderella《シンデレラ》

ドン・キホーテ Don《ドン》 Quixote《キオーテ》

コッペリア Coppelia《コッペリア》

リーズの結婚 La《ラ》 Fille《フィーユ》 mal《マル》 gardee《ガルデ》

真夏の夜の夢 Midsummer《ミッドサマー》 Night's《ナイツ》 Dream《ドリーム》

ライモンダ Raymonda《ライモンダ》

ヒロインの名前も
Odette《オデット》やKitri《キトリ》など、
日本でもそのままの
読み方で使われている
ものが多いんですよ。

Step 3
表現をチェック！

チケットを買ったり、クロークへ荷物を預けたりするときに使う表現を確認しましょう。

動画リストの
Lesson 5 シーン1 Step 3
をチェック！

♥チケットはどこで買えますか？

Where《ウェア》 can《カン》 I《アイ》 buy《バイ》 tickets《ティケッツ》?

♥チケットはいくらですか？

How《ハウ》 much《マッチ》 are《アー》 the《ザ》 tickets《ティケッツ》?

♥『くるみ割り人形』のチケットを３枚ください

3《スリー》 tickets《ティケッツ》 for《フォー》 the《ザ》 Nutcracker《ナッツクラッカー》 please《プリーズ》.

♥1階席は空いていますか？

Are《アー》 there《ゼア》 seats《シーツ》 available《アヴェラブル》 in《イン》 the《ザ》 stalls《ストールズ》?

♥このコートを預かってください

I'd《アイド》 like《ライク》 to《ツゥ》 leave《リーヴ》 this《ディス》 coat《コート》 here《ヒア》.

ロイヤル・オペラ・ハウスには劇場内にレストランがあり、休憩中に食事をする人もいます

イギリスの劇場では、座席《ざせき》の場所ごとに呼び方があります。今回はロイヤル・バレエの本拠地《ほんきょち》であるロイヤル・オペラ・ハウスでの呼び方を紹介《しょうかい》しますね。劇場によってちがうので、ほかの劇場へ行ったときは座席表「Seating《シーティング》 chart《チャート》」を見せてもらいましょう。

♥最上階席
Amphitheatre《アンフィシアター》

♥バルコニー席
Balcony《バルコニー》

♥2階席
Grand《グランド》 tier《ティアー》

♥1階席 **Stalls《ストールズ》**

2 シーン2

休憩時間

休憩中、マイはプログラムを買いに行きました。
買い物のようすを見てみましょう。

1 programme please!
It's 5 pounds.
Here you are.
Thank you very much.
Do you want to eat ice-cream?
Yes!
What a wonderful Christmas!

「1 programme please.」
でも充分《じゅうぶん》通じますが、
もっとていねいにいいたいときは
「I' d《アイド》 like《ライク》 to《ツゥ》 have《ハヴ》
1《ワン》 progamme《プログラム》 please《プリーズ》.」
といってみましょう。

Step 1
会話をチェック！

セリフの日本語訳を確認しましょう。

動画リストの
Lesson 5 シーン2 Step 1
をチェック！

1《ワン》 programme《プログラム》 please《プリーズ》! 「プログラムを1部ください！」

It's《イッツ》 5《ファイヴ》 pounds《パウンズ》. 「5ポンドです。」

Here《ヒア》 you《ユー》 are《アー》. 「はい、どうぞ。」

Thank you《サンキュー》 very《ヴェリィ》 much《マッチ》. 「ありがとうございます。」

Do《ドゥ》 you《ユー》 want to《ウォンツゥ》 eat《イート》 ice-cream《アイスクリーム》? 「アイスクリーム食べる？」

Yes《イエス》! 「うん！」

What《ワット》 a《ア》 wonderful《ワンダフル》 Christmas《クリスマス》! 「最高のクリスマスだわ！」

教えて！ゆきこ先生！

イギリスの観劇Q&A

ロイヤル・バレエのチケットはどこで買えるの？

劇場内にあるBox officeか、ロイヤル・オペラ・ハウスのウェブサイトで購入《こうにゅう》できます。

劇場内でチップは必要？

イギリスはアメリカほどチップが重要視《じゅうようし》されていませんが、レストランなどでサービスを受けたときにはお礼の気持ちをこめてチップを渡《わた》します。でも劇場内では必要ないので、提示《ていじ》された金額《きんがく》を支払《しはら》いましょう。

どんな服装《ふくそう》で行けばいいの？

最近はカジュアルな服装のお客さんも増えたので、心配しすぎることはありません。でもせっかくオペラ・ハウスへ行くなら、素敵なワンピースなど、いつもよりちょっとオシャレをしてみてはどうでしょうか？　全体的に、夜公演や1・2階などよい席のチケットを買っている人の多くは、ドレスアップをしている印象です。

Step 2
表現をチェック!

休憩時間を聞いたり、買い物をしたりするときの表現を確認しましょう。

動画リストの
Lesson 5 シーン2 Step 2
をチェック!

休憩時間は何分ですか?
How《ハウ》 long《ロング》 is《イズ》 the《ディ》 interval《インターヴァル》?

30分です
It's《イッツ》 30《サーティ》 minutes《ミニッツ》.

プログラムを1部ください
1《ワン》 programme《プログラム》 please《プリーズ》.

5ポンドです
It's《イッツ》 5《ファイヴ》 pounds《パウンズ》.

これはいくらですか?
How《ハウ》 much《マッチ》 is《イズ》 this《ディス》?

これをください
I'd《アイド》 like《ライク》 this《ディス》 one《ワン》, please《プリーズ》.

劇場で使う単語をチェックしてみましょう。
開場や開演などの単語をおぼえておくと安心ですね。

- 1幕/2幕/3幕 **Act《アクト》 1《ワン》 / Act《アクト》 2《ツー》 / Act《アクト》 3《スリー》**
- 開演 **start《スタート》 / show《ショウ》 start《スタート》 / curtain《カーテン》 rises《ライジズ》**
- 終演 **end《エンド》 / finish《フィニッシュ》 / show《ショウ》 end《エンド》**
- 開場 **doors《ドアーズ》 open《オープン》**
- 休憩 **interval《インターヴァル》 / intermission《インターミッション》**
- 昼公演 **matinee《マティネ》 performance《パフォーマンス》**
- 夜公演 **evening《イーヴニング》 performance《パフォーマンス》**

Homework

今回のレッスン内容をふまえた問題にチャレンジ！
リスニング問題は動画で英文を聞きながら
解いてみましょう。

動画リストの
Lesson 5 Homework
をチェック！

1. 枠内にバレエの作品名を入れ、クロスワードを完成させましょう。

Raymonda
Cinderella
SwanLake
Don Quixote
Giselle

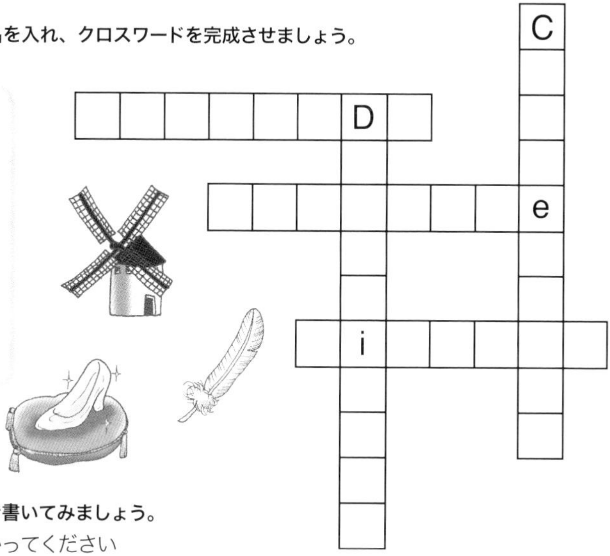

2. つぎの文章を、英文で書いてみましょう。

① このコートを預かってください

I'd like to _ _ _ _ _ _ this _ _ _ _ here.

② 私の席を教えてください

Please _ _ _ _ me _ _ _ _ _ _ my _ _ _ _ is.

3. 動画でマイと劇場スタッフの会話を聞いて、以下の質問に答えましょう。

① マイはいくら支払いましたか？

(　　　　　　　　　　　　　　　　)

② マイは何のチケットを買おうとしていますか？

(　　　　　　　　　　　　　　　　)

③ チケットはどこで買えますか？

(　　　　　　　　　　　　　　　　)

★答えは102ページへ

Lesson 6 ショップで買い物をする

Lesson 6の音声はここからチェック！

① シーン1 トウシューズのフィッティング

お母さんとバレエショップにやってきたマイ。
買い物のようすを見てみましょう。

1
Let's go to the ballet shop today.
2
Hello, may I help you?
Hello, I would like to have new pointe shoes.
3
These are what I'm wearing now. The sole is a bit too hard...
I see.
4
How about these?
They feel very comfortable! I will take these.

お店に入るときは、
店員さんに
あいさつをしましょう。
「Hello」や「Hi」が一般的です。

Step 1
会話をチェック！

セリフの日本語訳を確認しましょう。

動画リストの
Lesson 6 シーン1 Step 1
をチェック！

Let's《レッツ》 go《ゴー》 to《ツゥ》 the《ザ》 ballet《バレエ》 shop《ショップ》 today《トゥデイ》.
「今日はバレエショップへ行きましょう。」

Hello《ハロゥ》, may《メイ》 I《アイ》 help《ヘルプ》 you《ユー》? 「こんにちは、何かお手伝いできることは？」

Hello《ハロゥ》, I《アイ》 would《ウッド》 like《ライク》 to《ツゥ》 have《ハヴ》 new《ニュー》 pointe《ポインツ》 shoes《シューズ》.
「こんにちは、新しいトウシューズがほしいのですが。」

These《ディーズ》 are《アー》 what《ワット》 I'm《アイム》 wearing《ウェアリング》 now《ナウ》. The《ザ》 sole《ソール》 is《イズ》 a《ア》 bit《ビッツ》 too《トゥー》 hard《ハード》...
「これがいまはいているものです。ソールが少し硬くて……。」

I《アイ》 see《シー》. 「なるほど。」

How《ハウ》 about《アバウツ》 these《ディーズ》? 「これはどうですか？」

They《ゼイ》 feel《フィール》 very《ヴェリィ》 comfortable《カンフタブル》! I《アイ》 will《ウィル》 take《テイク》 these《ディーズ》.
「とてもはき心地がいいです！　これにします。」

ゆきこ先生の
London★ライフ

2019年の冬、ロイヤル・バレエの金子扶生《かねこふみ》ちゃんが『眠れる森の美女』で主演デビューすることになり、その公演に合わせてロンドンへ行ってきました。とっても素敵な舞台でしたよ！

そしてロンドンでは少しショッピングも。かならずおとずれるのは、紅茶で有名なFortnum&Masonと、小花柄のかわいいリバティ生地で有名なLiberty。どちらも老舗《しにせ》の百貨店《ひゃっかてん》で、建物もお店のなかもとても素敵なんです。ロンドンの人たちは歴史ある建物をリニューアルしながら使いつづけるので、街全体にクラシカルな雰囲気がただよっていて、歩いているだけでインスピレーションがわいてきます。

上：Fortnum&Mason。ここの紅茶がお気に入りで、かならず買って帰ります

Liberty。クリスマス前の時期だったので、店内がいつもよりさらに華やかでした！

ロイヤル・オペラ・ハウスのショップ。劇場のグッズやバレエのCDやDVDがほうふで、とても楽しいですよ！

Step 2
表現をチェック！

バレエショップでよく使われる表現を確認しましょう。

動画リストの
Lesson 6 シーン1 Step 2
をチェック！

何かお探しですか？
Are《アー》 you《ユー》 looking《ルッキング》 for《フォー》 something《サムシング》?

新しいトウシューズを探しています
I《アイ》 would《ウッド》 like《ライク》 to《ツゥ》 have《ハヴ》 new《ニュー》 pointe《ポイント》 shoes《シューズ》.

シューズのフィッティングをお願いします
Please《プリーズ》 can《カン》 I《アイ》 have《ハヴ》 a《ア》 shoe《シュー》 fitting《フィッティング》?

これはいくらですか？
How《ハウ》 much《マッチ》 is《イズ》 this《ディス》?

これをください
I'll《アイル》 take《テイク》 this《ディス》.

プレゼント用のラッピングをお願いします
Could《クッド》 you《ユー》 gift《ギフト》-wrap《ウラップ》 them《ゼム》, please《プリーズ》?

May I help you?
I'm just looking. Thank you.

とくに探しているものがないときに「May I help you?（メイ アイ ヘルプ ユー）」と話しかけられたら「I'm just looking. Thank you.（アイム ジャスト ルッキング センキュー）：見ているだけです、ありがとう」と答えましょう

イギリスでは
ギフトラッピングは
大きなお店でないと行っていない
可能性があるので、まず
「Can《カン》 I《アイ》 have《ハヴ》 them《ゼム》 gift《ギフト》-wrap《ゥラップ》?」
（ラッピングしてもらえますか？）
と聞いてみましょう。

Step 3
単語をチェック!

バレエショップでよく使われる単語を確認しましょう。

動画リストの
Lesson 6 シーン1 Step 3
をチェック!

♥レジ Till《ティル》 ※イギリスでは「till」、アメリカでは「cashier」が使われます

♥試着室 Fitting《フィッティング》 room《ルーム》

♥値段 Price《プライス》

♥値下げ Discount《ディスカウント》

♥おつり Change《チェンジ》

♥売り切れ Sold《ソールド》 out《アウト》

♥店員 Shop《ショップ》 assistant《アシスタント》 / Shop《ショップ》 staff《スタッフ》 / Store《ストア》 clerk《クラーク》

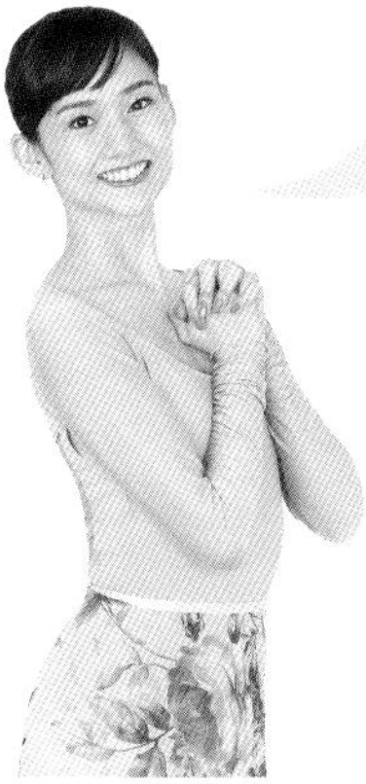

トウシューズの部位の単語を覚えておくと、フィッティングをするときに役立ちますよ。これらの単語と、「soft（柔らかい）」「hard（硬い）」などの表現を組み合わせて、はき心地を店員さんに伝えましょう。

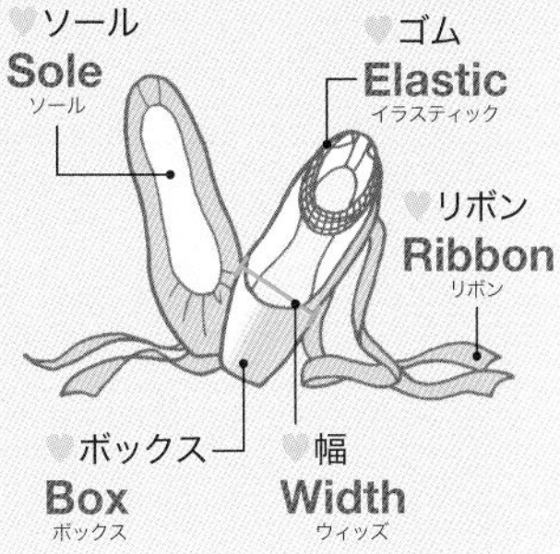

② シーン2

試着室

つづけてレオタードをチェックするマイ。
気になるウェアを見つけたようです。

This is pretty! Can I try this on?
Of course!
This is too big... do you have one size smaller?
Just a moment.
This is just right!
That's great!
Have a nice day!
Thank you!

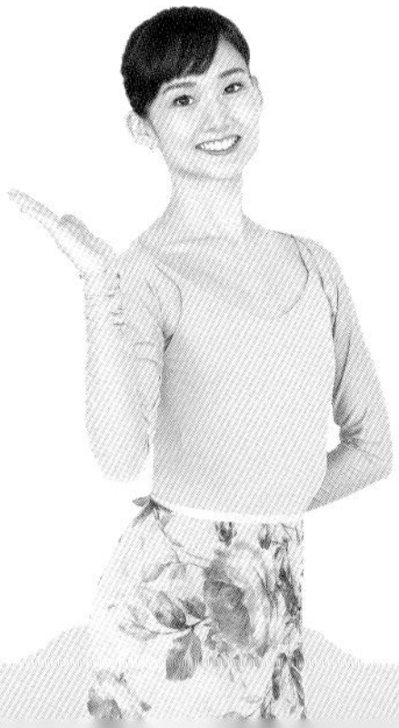

買い物を終えたとき、
店員さんは「Have a nice day!」
とあいさつをしてくれることが
よくあります。
「Thank you, you too!
（ありがとう、あなたもね）」
といって、気持ちよく
お店をあとにしましょう！

Step 1
会話をチェック!

セリフの日本語訳を確認しましょう。

動画リストの
Lesson 6 シーン2 Step 1
をチェック!

This《ディス》 is《イズ》 pretty《プリティ》! Can《カン》 I《アイ》 try《トライ》 this《ディス》 on《オン》? 「これかわいい！　着てみていいですか？」

Of《オフ》 course《コース》! 「もちろん！」

This《ディス》 is《イズ》 too《トゥー》 big《ビッグ》...do《ドゥ》 you《ユー》 have《ハヴ》 one《ワン》 size《サイズ》 smaller《スモーラー》?
「大きすぎるみたい……もうひとつ小さいサイズはありますか？」

Just《ジャスト》 a《ア》 moment《モーメンツ》. 「少々おまちください。」

This《ディス》 is《イズ》 just《ジャスト》 right《ライツ》! 「これはピッタリ！」

That's《ザッツ》 great《グレート》! 「よかった！」 **Have《ハヴ》 a《ア》 nice《ナイス》 day《デイ》!** 「よい1日を！」

Thank you《サンキュー》! 「ありがとう！」

教えて！
ゆきこ先生！

ロンドンにはどんなバレエショップがあるの？

ロイヤル・バレエの本拠地《ほんきょち》ロイヤル・オペラ・ハウスがあるコヴェントガーデンという地区は、おしゃれなお店やカフェがならぶショッピングエリア。バレエショップもたくさんあるんですよ！　ロンドンへ行ったときはぜひおとずれてみてください。

Capezio（カペジオ）
ブロードウェイでスタートしたアメリカの老舗《しにせ》ブランド。ウェアやシューズをほうふに取りそろえている。
住所：33 ENDELL STREET
Covent Garden WC2H 9BA

Dancia（ダンシア）
ブロックやカペジオを始め、ゲイナー・ミンデンなどさまざまなブランドがそろうセレクトショップ。
住所：168 Drury Lane WC2B 5QA

「2019年におとずれたのですが、子ども用のウェアもほうふでした！」（ゆきこ先生）

BLOCH（ブロック）
合わないシューズになやむダンサーのために設立された、オーストラリアのブランド。
住所：69-71 Monmouth Street
Seven Dials
London WC2H 9DG

FREED（フリード）
トウシューズメーカーとしては世界トップの生産をほこるブランド。世界中のバレエ学校にトウシューズを供給している。
住所：94 St Martins Lane,WC2N 4AT

「ロイヤル・バレエ・スクールでのはじめてのトウシューズがフリードだったので、とくに思い入れがあります。いまでもあわい緑色のお店の外観を見ると、そのころを思い出してドキドキします（笑）」（ゆきこ先生）

Step 2
表現をチェック!

お店で試着するときに使う表現を確認しましょう。

動画リストの
Lesson 6 シーン2 Step 2
をチェック!

着てみてもいいですか?
Can《カン》 I《アイ》 try《トライ》 this《ディス》 on《オン》?

1サイズ下はありますか?
Do《ドゥー》 you《ユー》 have《ハヴ》 one《ワン》 size《サイズ》 smaller《スモーラー》?

ちがう色はありますか?
Do《ドゥー》 you《ユー》 have《ハヴ》 a《ア》 different《ディフェレンツ》 colour《カラー》?

※「色」を表す単語は、イギリスでは「colour」、
アメリカでは「color」と書きます

※イギリスは、日本とはサイズの表記がちがいます。サイズがわからないときは、「I don't know the U.K.size, but I'm 24cm. (アイ ドンノウ ザ ユーケーサイズ バット アイム トゥエンティフォー センチメートル):イギリスでのサイズがわからないのですが、24cmです」と伝えて、店員さんに調べてもらいましょう

小さいサイズはありますか?/大きいサイズはありますか?
Do《ドゥー》 you《ユー》 have《ハヴ》 a《ア》 smaller《スモーラー》 size《サイズ》? / larger《ラージャー》 size《サイズ》?

大きすぎる/小さすぎる
too《トゥー》 big《ビッグ》 / too《トゥー》 small《スモール》

長すぎる/みじかすぎる
too《トゥー》 long《ロング》 / too《トゥー》 short《ショート》

太すぎる/細すぎる
too《トゥー》 wide《ワイド》 / too《トゥー》 narrow《ナロー》

**試着をしてみて
しっくりこなかったときは、
「I《アイ》 will《ウィル》 think《スィンク》 about《アバウト》 this《ディス》, thank you《センキュー》.
:考えます、ありがとう」
といってウェアを返しましょう。**

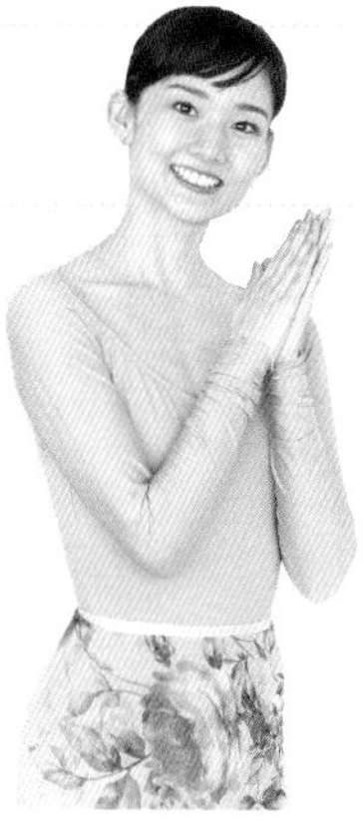

Homework

今回のレッスン内容をふまえた問題にチャレンジ！
リスニング問題は動画で英文を聞きながら
解いてみましょう。

動画リストの
Lesson 6 Homework
をチェック！

1. 動画で①～②のマイのセリフを聞いて、どちらのイラストのシチュエーションか選びましょう。

①（　　　　　）　②（　　　　　）

2. つぎの文章を、英文で書いてみましょう。

① 新しいトウシューズがほしいのですが

I w_ _ _ _ like to h_ _ _
new pointe shoes.

② 着てみてもいいですか？

C_ _ I t_ _ this on?

3. 動画でマイとお店の人の会話を聞いて、以下の質問に答えましょう。

① マイはなぜ新しいトウシューズをさがしているのですか？

（　　　　　　　　　　　　　　　　）

② マイの日本での足のサイズは？

（　　　　　　　　　　　　　　　　）

③ マイは友だちへのプレゼントに何を買いましたか？

（　　　　　　　　　　　　　　　　）

★答えは102ページへ

Lesson 7 レストランで食事をする

Lesson 7 の音声はここからチェック！

① シーン1 お店で注文する

日曜日、家族でバレエ公演を見に行ったマイ。
帰りにレストランで食事をすることにしました。

1
Let’s go and eat at a restaurant.
2
Hello, three people.
Hello, this way please.
3
Are you ready to order?
I’ll have roast beef!
Me, too.
4
I’ll have fish and chips. That’s all.
OK.

お店に入ったら
勝手に席に座《すわ》らず、
店員さんが案内《あんない》してくれるのを
待ちましょう。

Step 1
会話をチェック！

セリフの日本語訳を確認しましょう。

動画リストの
Lesson 7 シーン1 Step 1
をチェック！

Let's《レッツ》 go《ゴー》 and《アンド》 eat《イート》 at《アット》 a《ア》 restaurant《レストラン》.
「レストランへ食事に行こう。」

Hello《ハロゥ》, three《スリー》 people《ピープル》. 「こんにちは、3人です。」

Hello《ハロゥ》, this《ディス》 way《ウェイ》 please《プリーズ》. 「こんにちは、こちらへどうぞ。」

Are《アー》 you《ユー》 ready《レディ》 to《ツゥ》 order《オーダー》? 「ご注文はお決まりですか？」

I'll《アイル》 have《ハヴ》 roast《ロースト》 beef《ビーフ》! 「私はローストビーフ！」

Me《ミー》, too《トゥー》. 「私も。」

I'll《アイル》 have《ハヴ》 fish《フィッシュ》 and《アンド》 chips《チップス》. That's《ザッツ》 all《オール》.
「私はフィッシュアンドチップス。以上で。」

ゆきこ先生の
London★ライフ

ロンドンでイギリスの伝統的な朝ご飯、English breakfast（イングリッシュ・ブレックファスト）を食べました。お店によって内容はちがいますが、パン、ベーコン、卵料理、ソーセージ、ポテト、ベイクドビーンズなどがのったプレートに、紅茶やコーヒーがそえられたもの。ボリュームたっぷりで、朝からおなかいっぱいになります（笑）。ホテルの朝食やカフェで食べられるので、イギリスへ行ったときはぜひ試してみてください。

ロンドンのカフェで食べたイングリッシュ・ブレックファスト。私はベイクドビーンズが苦手なので、ぬいてもらいました

Step 2
表現をチェック！

レストランでよく使われる表現を確認しましょう。

動画リストの
Lesson 7 シーン1 Step2
をチェック！

こんにちは、3人です

Hello《ハロゥ》, three《スリー》 people《ピープル》.

予約をしていないのですが、席は空いていますか？

I《アイ》 don’t《ドント》 have《ハヴ》 a《ア》 reservation《リザヴェーション》. Are《アー》 there《デア》 seats《シーツ》 available《アヴェイラブル》?

ご注文はお決まりですか？

Are《アー》 you《ユー》 ready《レディ》 to《ツゥ》 order《オーダー》?

ローストビーフをください

I《アイ》 would《ウッド》 like《ライク》 to《ツゥ》 have《ハヴ》 roast《ロースト》 beef《ビーフ》.

ほかにご注文は？

Any《エニィ》 other《アザー》 orders《オーダーズ》?

以上です

That’s《ザッツ》 all《オール》.

お店の人をよぶときは、店員さんのほうを見て軽く手をあげましょう。店員さんが通りかかったときに「Excuse me」と呼びかけてもOKです

**ローストビーフは、
日曜日によく食べられるため
「Sunday《サンデー》 roast《ロースト》」と
よばれることもあります。
「Sunday lunch」「Sunday dinner」
など、日曜日用のメニューがある
お店もありますよ。**

Step 3
単語をチェック!

レストランのメニューによく登場する単語を確認しましょう。

動画リストの
Lesson 7 シーン1 Step 3
をチェック!

Menu

Food

Fish《フィッシュ》 and《アンド》 chips《チップス》

フィッシュ アンド チップス

＊白身魚のフライにフライドポテトをそえたもの

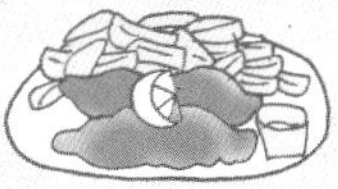

Malt《モルト》 vinegar《ヴィネガー》

麦《ばく》芽《が》酢《す》

＊フィッシュアンドチップスにかけるお酢

Shepherd's《シェパーズ》 pie《パイ》

シェパーズ パイ

＊羊(または牛)のひき肉にマッシュポテトをかぶせて焼いたパイ

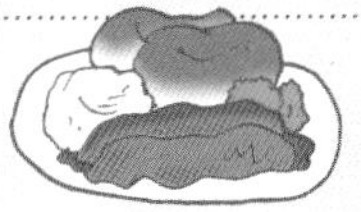

Roast《ロースト》 beef《ビーフ》

ロースト ビーフ

Chips《チップス》

フライドポテト

＊ポテトチップスはCrisps(クリスプス)

Jacket《ジャケット》 potato《ポテト》

ベイクドポテト

＊じゃがいもを丸ごとオーブンで焼いたもの。なかにバターやチーズなどの具材を入れて食べる

Drink

Orange《オレンジ》 juice《ジュース》

オレンジ ジュース

Lemonade《リモネード》

レモネード

White《ホワイト》 tea《ティー》

ミルクティー

＊Tea with milkということもあります

Black《ブラック》 tea《ティー》

ストレートティー

Dessert

Scone《スコーン》

スコーン

Afternoon《アフタヌーン》 tea《ティー》

アフタヌーン ティー

＊サンドウィッチなどの軽食やケーキなどの菓子に紅茶をそえたもの

Clotted《クロテッド》 cream《クリーム》

クロテッド クリーム

＊牛乳で作られたクリーム。スコーンなどにつけて食べる

Apple《アップル》 crumble《クランブル》

アップル クランブル

＊煮こんだリンゴの上にそぼろ状のケーキ生地を乗せて焼き上げたもの

イギリスのレストランや
カフェで見られる、
主なメニューを紹介します!

2 シーン2

追加で注文する

食事を終えたマイ。
どうやらデザートも食べたいようです。

How is everything?
This is delicious!
1
I want some dessert...
All right. Can we have the dessert menu please?
2
I'm so full!
3
Can I have the bill, please?
Certainly.
4

食事をしているとき、
店員さんはよく
「How is everything?」と
話しかけてくれます。
料理の感想をいったり、
何かほしいものがあれば
伝えたりしましょう。

Step 1
会話をチェック！

セリフの日本語訳を確認しましょう。

動画リストの
Lesson 7 シーン2 Step 1
をチェック！

How《ハウ》 **is**《イズ》 **everything**《エヴリシング》**?** 「いかがですか？」

This《ディス》 **is**《イズ》 **delicious**《デリシャス》**!** 「おいしいです！」

I《アイ》 **want**《ウォント》 **some**《サム》 **dessert**《デザート》**...** 「デザートも食べたいな…」

All right《オール ライト》**. Can**《カン》 **we**《ウィー》 **have**《ハヴ》 **the**《ザ》 **dessert**《デザート》 **menu**《メニュー》 **please**《プリーズ》**?**
「いいわよ。デザートメニューをください。」

I'm《アイム》 **so**《ソー》 **full**《フル》**!** 「おなかいっぱい！」

Can《カン》 **I**《アイ》 **have**《ハヴ》 **the**《ザ》 **bill**《ビル》**, please**《プリーズ》**?** 「お会計をお願いします。」

Certainly《サーテンリー》**.** 「かしこまりました。」

教えて！
ゆきこ先生！

チップは支払うべき？

かならずしも払う必要はありません。セルフサービスではなく店員さんが食事を運んでくれるレストランで、もしすてきなサービスを受けた、と感じたら、お会計の10%ていどをテーブルに置いて帰るといいでしょう。ホテル内や少し高級なレストランでは、お会計のなかにサービス料がふくまれている場合が多いので、レシートを確認してみてください。

お水は有料ってほんとう？

ほんとうです。お水がほしいときは、「Can I have mineral water？」といいましょう。また、お店では炭酸水かふつうのお水かが選べます。ふつうのお水がほしい場合は「still water（スティル ウォーター）」と伝えましょう。炭酸水は「sparkling water（スパークリング ウォーター）」といいます。水道水を飲むこともできますが、日本と水質がちがって体にあわないこともあるので、飲まないほうが安心ですよ。

Step 2
表現をチェック!

店員さんとのやり取りで使う表現を確認しましょう。

動画リストの
Lesson 7 シーン2 Step 2
をチェック!

いかがですか?
How《ハウ》 is《イズ》 everything《エヴリシング》?

問題ないです、ありがとう
Everything《エヴリシング》 is《イズ》 fine《ファイン》, thank you《センキュー》.

飲み物やデザートはいかがですか?
How《ハウ》 about《アバウト》 drinks《ドリンクス》 or《オア》 dessert《デザート》?

Have you finished?
No, not yet.

まだ食べている最中に店員さんから「Have you finished?(お済みですか?)」と聞かれたら、「No,not yet(いいえ、まだです)」と伝えましょう。食事が済んでいたら、「Yes, thank you(はい、ありがとうございます)」といいます

イギリスでは、
日本とくらべて料理の量が
多い場合があります。
「Can《カン》 I《アイ》 have《ハヴ》 a《ア》 smaller《スモーラー》 portion《ポーション》?
:少なめにできますか?」
「We《ウィー》 would《ウドゥ》 like《ライク》 to《ツゥ》 share《シェア》 this《ディス》 dish《ディッシュ》 please《プリーズ》.
:これをシェアしたいです)」
といった表現を
覚えておくとべんりですよ。

お会計をお願いします
Can《カン》 I《アイ》 have《ハヴ》 the《ザ》 bill《ビル》, please《プリーズ》?

「The bill, please.」と省略することもあります
お会計のことをイギリスでは「bill」、
アメリカでは「check」といいます

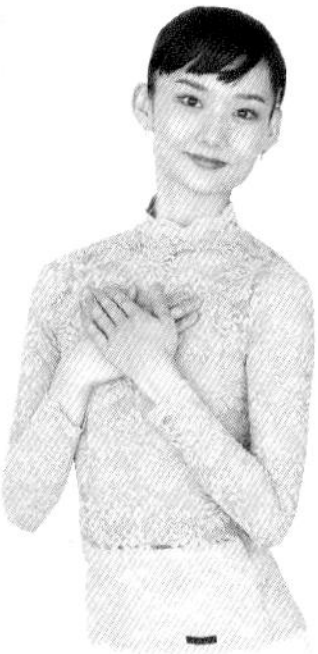

おいしかったです
It《イッツ》 was《ワズ》 delicious《デリシャス》.

Homework

今回のレッスン内容をふまえた問題にチャレンジ！
リスニング問題は動画で英文を聞きながら
解いてみましょう。

動画リストの
Lesson 7 Homework
をチェック！

1. 下のメニュー表を見ながら、質問に答えましょう。

Menu

＊£…イギリスの通貨、ポンドを表す記号

- ·Fish and chips £8
- ·Jacket potato £3
- ·Roast beef £10
  With chips ......+£2
- ·Lemonade......£2
- ·White tea......£3
- ·Black tea......£3
- ·Scone......£4
  With clotted cream......+£2
- ·Apple crumble......£5

① フィッシュアンドチップスはいくらですか？

② アップルクランブルとミルクティーを注文した場合、会計はいくらですか？

③ ローストビーフにフライドポテトをそえると、いくらになりますか？

2. つぎの文章を、英文で書いてみましょう。

① ご注文はお決まりですか？

Are you r_ _ _ _ to order?

② お会計をお願いします

C_ _ I have the b_ _ _, please?

3. お母さんといっしょにカフェにやってきたマイ。
動画で店員さんとの会話を聞いて、以下の質問に答えましょう。

① マイたちは何を注文しましたか。

(　　　　　　　　　　　　　　　　　　)

② マイたちの注文はいくらでしたか。

(　　　　　　　　　　　　　　　　　　)

★答えは103ページへ

8 Lesson 乗り物に乗る

Lesson 8の音声はここからチェック!

① シーン1 バスに乗る

レッスン帰りに劇場のバックステージ・ツアーへ行くことにしたマイたち。
バスに乗るようすを見てみましょう。

1
How can we get to the Royal Opera House?
2
Take the number nine bus from the bus stop in front of the school, and get off at Covent Garden.
I got it!
3
Does this bus stop at Covent Garden?
Yes it does!
4
We're getting off here!

ロンドンでは、
バスと地下鉄が主な交通手段。
どちらもさまざまな路線《ろせん》があるので、
ロンドンの主要《しゅよう》な場所へかんたんに
行くことができますよ。

Step 1
会話をチェック!

セリフの日本語訳を確認しましょう。

動画リストの
Lesson 8 シーン1 Step 1
をチェック!

How《ハウ》 can《カン》 we《ウィー》 get《ゲット》 to《ツゥ》 the《ザ》 Royal《ロイヤル》 Opera《オペラ》 House《ハウス》?
「ロイヤル・オペラ・ハウスにはどうやって行ったらいいですか?」

Take《テイク》 the《ザ》 number《ナンバー》 nine《ナイン》 bus《バス》 from《フロム》 the《ザ》 bus《バス》 stop《ストップ》 in《イン》 front《フロント》 of《オブ》 the《ザ》 school《スクール》, and《アンド》 get《ゲット》 off《オフ》 at《アット》 Covent《コヴェント》 Garden《ガーデン》.
「スクール前のバス停から9番のバスに乗って、コヴェント・ガーデンで降りればいいわよ」

I《アイ》 got《ゴット》 it《イット》!「わかりました!」

Does《ダズ》 this《ディス》 bus《バス》 stop《ストップ》 at《アット》 Covent《コヴェント》 Garden《ガーデン》?
「このバスはコヴェント・ガーデンにとまりますか?」

Yes《イエス》 it《イット》 does《ダズ》!「とまるよ!」

We're《ウィーアー》 getting《ゲッティング》 off《オフ》 here《ヒア》!「ここで降ります!」

ゆきこ先生の
London★ライフ

文化庁の在外研修でロイヤル・バレエで踊らせていただいたとき、地下鉄のストライキに遭遇《そうぐう》しました。バスに乗ろうにも満員で断念。あわててタクシーをひろい、宿泊先からロイヤル・オペラ・ハウスへ向かいました。レッスンに間に合うかドキドキハラハラしながらも、バッキンガム宮殿やセント・ジェームズ・パークなどロンドンの名所の前を通り、思いがけず観光ができたのはいい思い出です(笑)。

また、いちどだけロンドンバスの2階最前列の席に座れたことがあります! 人気の席なので、なかなか空いていないんですよ。そのときのロンドンの街を見わたせるすばらしい景色は忘れられません。最前列でなくても2階からの景色はとてもいいので、ぜひ上がってみてください。階段が急なので気をつけてくださいね!

Step 2
表現をチェック!

バスに乗るときによく使われる表現を確認しましょう。

動画リストの
Lesson 8 シーン1 Step 2
をチェック!

ロイヤル・オペラ・ハウスへ行くバス停はどこですか?

Where《ウェア》 is《イズ》 the《ザ》 bus《バス》 stop《ストップ》 for《フォー》 the《ザ》 Royal《ロイヤル》 Opera《オペラ》 House《ハウス》?

いちばん近くのバス停はどこですか?

Where《ウェア》 is《イズ》 the《ザ》 nearest《ニアレスト》 bus《バス》 stop《ストップ》?

このバスはコヴェント・ガーデンにとまりますか?

Does《ダズ》 this《ディス》 bus《バス》 stop《ストップ》 at《アット》 Covent《コヴェント》 Garden《ガーデン》?

コヴェント・ガーデンまで何分かかりますか?

How《ハウ》 many《メニー》 minutes《ミニッツ》
will《ウィル》 it《イット》 take《テイク》 to《ツゥ》 Covent《コヴェント》 Garden《ガーデン》?

ここで降ります

I'm《アイム》 getting《ゲッティング》 off《オフ》 here《ヒア》.

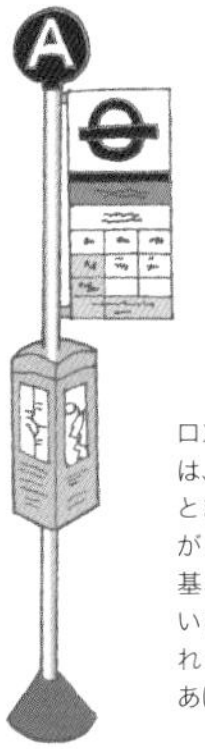

ロンドンでバスに乗るときは、このバス停が目印。とまるバスの番号や行先がこまかく書いてあります。基本的にバス停で待っていればバスはとまってくれますが、念のため手をあげて合図をしましょう

ロンドンのバスは
乗客が乗ったらすぐに動き出すので、
手すりにしっかりつかまって、
早めに席につくように
してくださいね!

② シーン2

地下鉄に乗る

ツアーを楽しんだマイ。
お母さんが迎えに来てくれたので、いっしょに地下鉄で帰ります。

1
Did you have fun? Let's go home on the underground.
OK, mum!
2
I would like to charge 20 pounds please.
OK
3
Here you are. The Piccadilly line is slightly delayed. It is due in about 15 minutes.
All right. thank you.
4
Let's wait on the platform bench.

イギリスでは、
地下鉄が遅れることがよくあります。
ほかにも点検やストライキで
電車がまったく動かないときもあるので、
わからないことがあったら
駅員さんに聞きましょう。

Step 1
会話をチェック！

セリフの日本語訳を確認しましょう。

動画リストの
Lesson 8 シーン2 Step 1
をチェック！

Did《ディド》 you《ユー》 have《ハヴ》 fun《ファン》? Let's《レッツ》 go《ゴー》 home《ホーム》 on《オン》 the《ジ》 underground《アンダーグラウンド》.
「楽しかった？　地下鉄に乗って帰りましょう。」

OK《オーケー》,mum《マム》!「オーケー、お母さん。」

I《アイ》 would《ウッド》 like《ライク》 to《ツゥ》 charge《チャージ》 20《トゥエンティ》 pounds《パウンズ》 please《プリーズ》.
「20ポンドチャージしたいのですが。」

Here《ヒア》 you《ユー》 are《アー》. The《ザ》 Piccadilly《ピカデリー》 line《ライン》 is《イズ》 slightly《スライトリー》 delayed《ディレイド》.
It《イット》 is《イズ》 due《デュー》 in《イン》 about《アバウト》 15《フィフティーン》 minutes《ミニッツ》.
「はい、どうぞ。ピカデリー線は少し遅れていますよ。15分くらいで到着《とうちゃく》する予定です。」

All right《オールライト》, thank you《センキュー》.「わかりました、ありがとう。」

「All right」は省略して「Alright」と書かれることもあります

Let's《レッツ》 wait《ウェイト》 on《オン》 the《ザ》 platform《プラットフォーム》 bench《ベンチ》.「ホームのベンチで待ちましょう。」

教えて！
ゆきこ先生！

ロンドンのタクシー事情

ロンドンで有名なのは「ブラック・キャブ」というタクシー。黒ぬりのワゴン車で車内が広く、大きなスーツケースもよゆうで入ります。ブラック・キャブの運転手になるには、ロンドンの地理や建物についての知識、運転技術などのとてもきびしい試験に合格しなければなりません。ですからブラック・キャブに乗れば、どこへ行くにも安心ですよ。ロンドンをおとずれたときにはぜひいちど乗ってみてください。

ブラック・キャブは高品質のサービスを受けられることもあり、少し高額。もう少し安くタクシーを利用したいときにはミニ・キャブを使います。こちらも運転手さんはきちんとライセンスをもっているので安心感はあります。ミニ・キャブは完全予約制なので、タクシー会社に電話して迎えに来てもらいましょう。道を走っているタクシーで乗ってもいいのは、ブラック・キャブのみ。もしそれ以外の運転手さんに話しかけられても、法外な金額を請求されるなど安全ではない場合がありますので、乗らないでくださいね。

Step 2
表現をチェック!

バスや電車に乗るときに必要なICカード(オイスターカード)に関する表現を確認しましょう。

動画リストの
Lesson 8 シーン2 Step 2
をチェック!

♥オイスターカードをください

I《アイ》 would《ウッド》 like《ライク》 an《アン》 oyster《オイスター》 card《カード》 please《プリーズ》.

♥いくらチャージしますか?

How《ハウ》 much《マッチ》 would《ウッド》 you《ユー》 like《ライク》 to《ツゥ》 charge《チャージ》?

♥20ポンドお願いします

20《トゥエンティ》 pounds《パウンズ》 please《プリーズ》.

♥20ポンドチャージしたいのですが

I《アイ》 would《ウッド》 like《ライク》 to《ツゥ》 charge《チャージ》 20《トゥエンティ》 pounds《パウンズ》 please《プリーズ》.

♥オイスターカードを返却したいのですが

I《アイ》 would《ウッド》 like《ライク》 to《ツゥ》 return《リターン》 my《マイ》 oyster《オイスター》 card《カード》.

オイスターカードを返却すると、購入時の預り金5ポンドと、カード残高が返金されます

オイスターカードとは、ロンドンの電車、
バス、地下鉄で使用できるICカード。
券売機《けんばいき》や窓口でお金をチャージして使用します。
地下鉄や電車は現金で切符《きっぷ》を買って
乗ることもできますが、カードのほうがとってもお得。
1日の使用限度《げんど》が決まっているので、
たくさん乗っても限度額以上はお金が引かれません。
10才まではおとな同伴《どうはん》であれば4人まで
無料で乗れますが、11才からはカードが必要です。
駅や空港で買えるので、
ぜひ使ってみてください!

Step 3
単語をチェック!

バスや地下鉄に乗るときに使う単語を確認しましょう。

動画リストの
Lesson 8 シーン2 Step 3
をチェック!

♥到着 Arrival《アライヴァル》

♥出発 Departure《ディパーチャー》

♥駅 Station《ステイション》

♥(駅の)ホーム Platform《プラットフォーム》

♥改札 Ticket《チケット》 gate《ゲート》

♥料金 Fare《フェア》

♥終点 Last《ラスト》 stop《ストップ》

♥通常運行
Normal《ノーマル》 operation《オペレーション》 / Normal《ノーマル》 service《サーヴィス》

♥運転見合わせ Suspended《サスペンディド》

♥遅《ち》延《えん》 Delayed《ディレイド》

イギリスでは地下鉄のことを
「Underground《アンダーグラウンド》」もしくは「Tube《チューブ》」とよびます。
「Tube」は、地下鉄のトンネルがチューブのように
丸い形をしていることからつけられた
愛称なんですよ。
アメリカでは地下鉄のことを
「Subway《サブウェイ》」とよぶので、
混乱しないようにしてくださいね。

地下鉄の駅の入口には
かならず、この「UNDER
GROUND」というマー
クがついています

Homework

今回のレッスン内容をふまえた問題にチャレンジ！
リスニング問題は動画で英文を聞きながら
解いてみましょう。

動画リストの
Lesson 8 Homework
をチェック！

1. 下の単語と正しい意味を線でつなぎましょう。

Normal operation	料金
Arrival	到着
Delayed	遅延
Fare	通常運行

2. つぎの文章を、英文で書いてみましょう。

① ここで降ります

I’ m g_ _ _ _ _ _ off here.

② 20ポンドチャージしたいのですが

I w_ _ _ _ like to c_ _ _ _ _ 20 pounds please.

3. 電車が遅れて困っているマイ。
動画でマイと駅員さんの会話を聞いて、以下の質問に答えましょう。

① 地下鉄は何分遅れていますか？

(　　　　　　　　　　　　　　　)

② 何番のバスに乗ったら目的地に着きますか？

(　　　　　　　　　　　　　　　)

★答えは103ページへ

9 Lesson 寮生活

Lesson 9の音声はここからチェック！

① シーン1 寮に入る

マイと同じバレエスクールに通うエマは、
バレエ学校に入学することに。今日から寮生活が始まります。

Hello, I'm Emma. It's my first day here.
Hello, I was waiting for you.
Here is your dorm.
I'm your roommate Lucy. Nice to meet you!
I'm Emma. Nice to meet you!
This is your bed. The closet is here. I'll show you to the washroom.
Thank you!

寮で学生のお世話を
してくれる寮母さんのことを
「Housemother《ハウスマザー》」といいます。
日常生活で困ったことがあれば、
何でも相談に乗ってくれますよ。

Step 1
会話をチェック!
セリフの日本語訳を確認しましょう。

動画リストの
Lesson 9 シーン1 Step 1
をチェック!

Hello《ハロゥ》, I'm《アイム》 Emma《エマ》. It's《イッツ》 my《マイ》 first《ファースト》 day《デイ》 here《ヒア》.
「こんにちは、エマです。今日が初日です。」

Hello《ハロゥ》, I《アイ》 was《ワズ》 waiting《ウェイティング》 for《フォー》 you《ユー》. 「こんにちは、待ってたわよ。」

Here《ヒア》 is《イズ》 your《ユア》 dorm《ドーム》. 「ここがあなたの部屋よ。」

I'm《アイム》 your《ユア》 roommate《ルームメイト》 Lucy《ルーシー》. Nice《ナイス》 to《ツゥ》 meet《ミート》 you《ユー》!
「私はルームメイトのルーシー。よろしくね!」

I'm《アイム》 Emma《エマ》. Nice《ナイス》 to《ツゥ》 meet《ミート》 you《ユー》! 「私はエマ。よろしくね!」

This《ディス》 is《イズ》 your《ユア》 bed《ベッド》. The《ザ》 closet《クローゼット》 is《イズ》 here《ヒア》.
I'll《アイル》 show《ショウ》 you《ユー》 to《ツゥ》 the《ザ》 washroom《ウォッシュルーム》.
「こっちがあなたのベッド。クローゼットはこっちよ。洗面所へ案内するわ。」

Thank you《センキュー》! 「ありがとう!」

ホワイトロッジは、18世紀に建てられた歴史ある建物。むかしは王族の狩猟用のロッジとして使用されていました

ゆきこ先生の
London★ライフ

ロイヤル・バレエ・スクールのなかでも、私が入学したロウアースクール(11～16才の生徒が学ぶ学校)は、ホワイトロッジとよばれる建物で生活します。ホワイトロッジがあるのは、ロンドン郊外《こうがい》にあるリッチモンドパークという、とても広い公園のなか。野生のシカやリスがいるような広大な自然にかこまれて、のびのびとバレエに打ちこむことができます。ちなみに16～19才の生徒が学ぶアッパースクールは、ロイヤル・バレエの本拠地、ロイヤル・オペラ・ハウスのとなりにあるんですよ。

スクールでは学業とバレエを両立するため、1日の時間割がこまかく組まれていますが、寮での自由時間にはみんなでテレビを見たり、おしゃべりしたりと、クラスメイトと楽しく過ごしていました。11才で親元をはなれなければならなかったので、もちろんホームシックになり、泣きながら眠る日もたくさんありました。でも夢だったバレエ漬けの生活を送ることができて、ほんとうに幸せでしたね。

Step 2
表現をチェック!

寮生活でよく使われる表現を確認しましょう。

動画リストの
Lesson 9 シーン1 Step 2
をチェック!

今日が初日です
It's《イッツ》 my《マイ》 first《ファースト》 day《デイ》 here《ヒア》.

私の部屋はどこですか?
Where《ウェア》 is《イズ》 my《マイ》 dorm《ドーム》?
「dorm」は「dormitory(寮)」の略語

私の部屋を見せてください
Can《カン》 you《ユー》 show《ショウ》 me《ミー》 to《ツゥ》 my《マイ》 dorm《ドーム》?
「dorm」は「寮の部屋」という意味でも使われます

寮《りょう》母《ぼ》さんはどこですか?
Where《ウェア》 is《イズ》 the《ザ》 housemother《ハウスマザー》?

ここに私のものを置いていい?
Can《カン》 I《アイ》 put《プット》 my《マイ》 stuff《スタッフ》 here《ヒア》?

コンセントはどこ?
Where《ウェア》 is《イズ》 the《ザ》 socket《ソケット》?

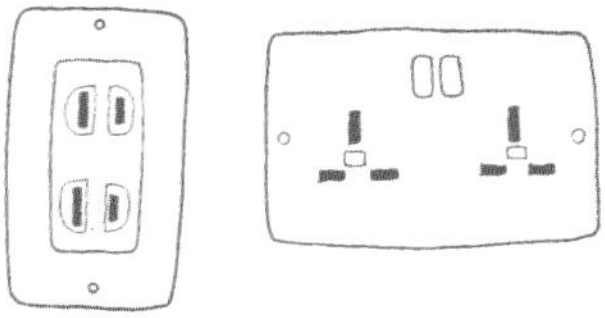

イギリスでは「コンセント」は通じません。「Socket(ソケット)」と表現するので覚えておきましょう。また、イギリスと日本ではコンセントのプラグ(差しこみ口)の形が異なります。日本のものを充電するためには、変換プラグを使う必要があるので気をつけましょう

「Stuff《スタッフ》」は「もの」という意味。
くだけた表現なので、
先生や寮母さんに話すときには「Bag」
といいましょう。「かばん」のほかに
「荷物」という意味でも使われます。
「Baggage《バゲッジ》」「Luggage《ラゲッジ》」という表現もありますが、
少し硬く聞こえるので
子どもはあまり使いません。

Step 3
単語をチェック！

寮生活でよく使う、場所やものの名前を確認しましょう。

動画リストの
Lesson 9 シーン1 Step 3
をチェック！

【場所の名前】

♥食堂 **Canteen《キャンティーン》 / Cafeteria《カフェテリア》 / Dining《ダイニング》 hall《ホール》**

＊イギリスでは主に「Canteen」が使われます

♥医務室 **Sick《シック》 bay《ベイ》 / Medical《メディカル》 room《ルーム》**

♥洗面所 **Washroom《ウォッシュ ルーム》 / Bathroom《バスルーム》**

＊洗面台のみの場合は「Washroom」、シャワールームやトイレが洗面台と同じ空間にある場合は「Bathroom」と表現することが多い

【ものの名前】

♥洗濯機《せんたくき》 **Washing《ウォッシング》 machine《マシーン》**

♥乾燥機《かんそうき》 **Tumble《タンブル》 dryer《ドライヤー》 / Dryer《ドライヤー》**

♥（髪用の）ドライヤー **Hair《ヘア》 dryer《ドライヤー》**

寮生活は、大人数での共同生活。
おたがいにゆずり合ったり、
助け合ったりすることが大切です。
また、門限「Curfew《カーフュー》」や
消灯《しょうとう》時間「Lights-out《ライツ アウト》」など、
寮のルールも守りましょうね。

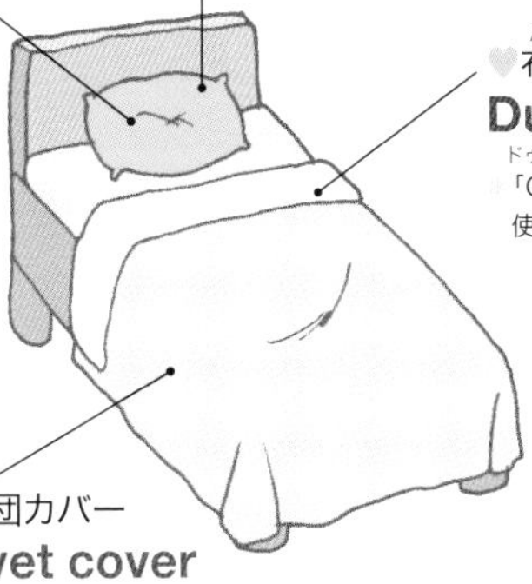

② シーン2

寮での生活

洗濯物の出し方や放課後の過ごしかたなど、
寮生活のようすを見てみましょう。

This is my washing please!
OK! I'll put them in front of your door in a basket when I'm finished.
1
Emma! Do you want to do math homework together?
Yes!
2
Oh, isn't it nearly snack time?
We have to go to the canteen!
3
Do you want half of this cookie?
Thank you! I'll give you half of mine.
4

洗濯物はイギリスでは「Washing《ウォッシング》」、
アメリカでは「Laundry《ローンドリー》」といいます。
私の過ごしたロウアースクールでは、
洗濯は寮のスタッフさんが行ってくれました。
曜日によって出せる洗濯物の種類がわかれていて、
自分専用の洗濯バッグに入れてわたし、
洗ってもらったらそのバッグを受け取るという
システムでした。

Step 1
会話をチェック！
セリフの日本語訳を確認しましょう。

動画リストの
Lesson 9 シーン2 Step 1
をチェック！

This《ディス》 is《イズ》 my《マイ》 washing《ウォッシング》 please《プリーズ》! 「私の洗濯物をお願いします！」

OK!《オーケー》 I'll《アイル》 put《プット》 them《ゼム》 in《イン》 front《フロント》 of《オブ》 your《ユア》 door《ドア》
in《イン》 a《ア》 basket《バスケット》 when《ウェン》 I'm《アイム》 finished《フィニッシュド》.
「OK！　終わったらカゴに入れて、ドアの前に置いておくね。」

Emma!《エマ》 Do《ドゥー》 you《ユー》 want《ワンツ》 to《ツゥ》 do《ドゥ》 math《マス》 homework《ホームワーク》 together《トゥゲザー》?
「エマ！　いっしょに算数の宿題をしない？」

＊「Math」は「Mathematics（算数）」の略語

Yes!《イエス》 「うん！」

Oh,《オゥ》 isn't《イズント》 it《イット》 nearly《ニアリー》 snack《スナック》 time《タイム》? 「あ、もうすぐスナックタイムじゃない？」

We《ウィー》 have《ハフ》 to《ツゥ》 go《ゴー》 to《ツゥ》 the《ザ》 canteen《キャンティーン》! 「食堂へ行かなきゃ！」

Do《ドゥー》 you《ユー》 want《ワンツ》 half《ハーフ》 of《オブ》 this《ディス》 cookie《クッキー》? 「クッキー、半分こしない？」

Thank you!《センキュー》 I'll《アイル》 give《ギブ》 you《ユー》 half《ハーフ》 of《オブ》 mine《マイン》. 「ありがとう！　私のもあげるわ。」

教えて！
ゆきこ先生！

寮生活の休日の過ごし方

　ロイヤル・バレエ・スクールではイギリス国内に家族が住んでいる場合、休日に帰宅することができます。私は家族がロンドンに住んでいたので、帰宅することが多かったです。留学生の場合はガーディアンという現地での保護者《ほごしゃ》がむかえに来てくれて、いっしょに過ごすことになります。休日に学校に残る生徒は、近くのリッチモンドという街へバスで出かけたり、オペラ・ハウスへロイヤル・バレエの公演を見に行ったりするツアーに参加する人もいました。

＊イギリスでは、18才未満の子どもで親がイギリス国内にいない状態で長期滞在する場合、現地での保護者となるガーディアンをつけることが義務づけられています

Step 2
表現をチェック！

寮生活でよく使う表現を確認しましょう。

動画リストの
Lesson 9 シーン2 Step 2
をチェック！

♥私の洗濯物をお願いします
This《ディス》 is《イズ》 my《マイ》 washing《ウォッシング》 please《プリーズ》.

♥洗濯物を受け取りに来ました
I《アイ》 have《ハヴ》 come《カム》 to《ツゥ》 get《ゲット》 my《マイ》 washing《ウォッシング》.
※「Get」ではなく「Receive」を使うと、よりていねいな表現になる

♥台所を使っていい？
Can《カン》 I《アイ》 use《ユーズ》 the《ザ》 kitchen《キッチン》?

♥洗面台、つぎ使ってもいい？
Can《カン》 I《アイ》 use《ユーズ》 the《ザ》 washbasin《ウォッシュベイズン》 after《アフター》 you《ユー》?

「Washbasin」は、
「洗面台」だけでなく
「洗面器」という
意味もあるんですよ。

スナックタイムとは、食事以外の軽食の時間のこと。
自分で持ちこんだおかしを食べることもあれば、食堂にフルーツやお茶が用意されていることもあるそう

♥いっしょに宿題をしない？
Do《ドゥー》 you《ユー》 want《ワンツ》 to《ツゥ》 do《ドゥ》 homework《ホームワーク》 together《トゥゲザー》?

♥食堂へ行こう！
Let's《レッツ》 go《ゴー》 to《ツゥ》 the《ザ》 canteen《キャンティーン》!

♥電気を消して（つけて）いい？
Is《イズ》 it《イット》 okay《オーケイ》 to《ツゥ》 turn《ターン》 off《オフ》 (on)《(オン)》 the《ザ》 lights《ライツ》?

Homework

今回のレッスン内容をふまえた問題にチャレンジ！
リスニング問題は動画を聞きながら
解いてみましょう。

動画リストの
Lesson 9 Homework
をチェック！

1. 下の単語と正しい意味を線でつなぎましょう。

Sick bay	門限
Pillow	医務室
Lights-out	まくら
Curfew	消灯

2. つぎの文章を、英文で書いてみましょう。

① こんにちは、エマです。今日が初日です

Hello, I’ m Emma.

It’ s my f_ _ _ _ day h_ _ _.

② 私の洗濯物をお願いします！

This is my w_ _ _ _ _ _ please!

3. 何かわからないことがあり、困っているエマ。
動画でエマとルーシーの会話を聞いて、以下の質問に答えましょう。

① ルーシーは寮母さんをどこで見かけましたか？

(　　　　　　　　　　　　　　　　　　　　)

② バレエウェアの洗濯日は何曜日ですか？

(　　　　　　　　　　　　　　　　　　　　)

★答えは103ページへ

10 Lesson 学校生活

Lesson 10の音声はここからチェック！

① シーン1 授業中

イギリスの公立中学校に通っているマイ。
授業のようすをのぞいてみましょう。

Who can answer this question? Yes, Mai!
That's right.
I am going to hand out some worksheets. This is homework for next week.
There is a part I don't understand.

イギリスでは、授業中などで
手を上げるときに
人さし指を立てるんですよ。

Step 1
会話をチェック！

セリフの日本語訳を確認しましょう。

動画リストの
Lesson 10 シーン1 Step 1
をチェック！

Who《フー》 can《カン》 answer《アンサー》 this《ディス》 question《クエスチョン》? Yes《イエス》, Mai《マイ》!
「この問題がわかる人？　ではマイ！」

That's《ザッツ》 right《ライト》. 「正解です。」

I《アイ》 am《アム》 going《ゴーイング》 to《ツゥ》 hand《ハンド》 out《アウト》 some《サム》 worksheets《ワークシーツ》.
This《ディス》 is《イズ》 homework《ホームワーク》 for《フォー》 next《ネクスト》 week《ウィーク》.
「プリントを配ります。これは来週までの宿題ね。」

There《デア》 is《イズ》 a《ア》 part《パート》 I《アイ》 don't《ドント》 understand《アンダースタンド》.
「わからないところがあるのですが…」

ゆきこ先生の
London★ライフ

ロイヤル・バレエ・スクールでは、バレエだけでなく学業もしっかり行うことが求められます。きちんと勉強していれば、アッパースクール卒業時には高校卒業と同じ資格《しかく》をもらうことができるんですよ。1日のなかで学科の授業とバレエのクラスがつづくこともあるため、髪はシニヨンにしておき、バレエウェアの上に指定のジャージを着て過ごすことも多くありました。

イギリスの授業として特徴的《とくちょうてき》なのは「R.E.」。「宗教学《しゅうきょうがく》」といって、世界中の宗教や文化、考え方について勉強します。さまざまな人種が集まる国ならではの授業ですよね。

Step 2
表現をチェック！

学校生活でよく使われる表現を確認しましょう。

動画リストの
Lesson 10 シーン1 Step 2
をチェック！

出欠を取ります
I'm《アイム》 going《ゴーイング》 to《ツゥ》 take《テイク》 the《ザ》 register《レジスター》.

授業を始めます
We《ウィー》 will《ウィル》 begin《ビギン》 class《クラス》 now《ナウ》.

この問題がわかる人？
Who《フー》 can《カン》 answer《アンサー》 this《ディス》 question《クエスチョン》?

わからないところがあるのですが…
There《デア》 is《イズ》 a《ア》 part《パート》 I《アイ》 don't《ドント》 understand《アンダースタンド》.

わかりました！　ありがとうございます
I《アイ》 understand《アンダースタンド》!　Thank you《センキュー》.

「出欠をとる」はイギリスでは
「Take the register」といいますが、
アメリカでは
「Take《テイク》 attendance《アテンダンス》」といいます。

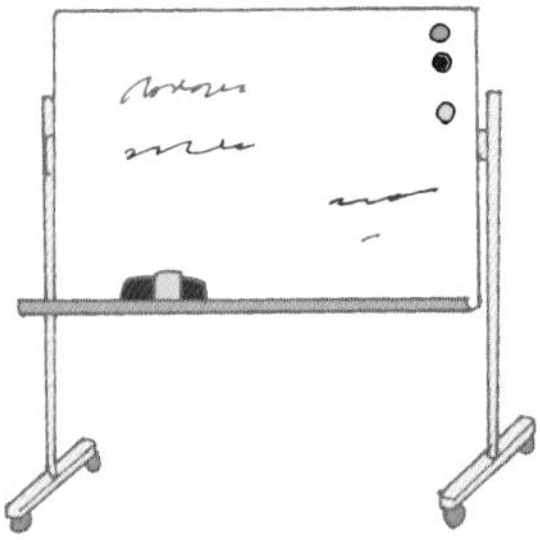

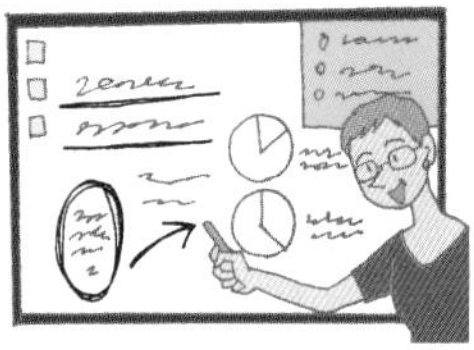

イギリスのほとんどの学校では、黒板ではなくホワイトボードや電子黒板が使われていて、どちらも「Board（ボード）」とよぶことが多いそう。電子黒板は、コンピューターとつなげて図や映像を映し出したり、直接書きこんだりできます

Step 3
単語をチェック！

学校生活でよく使う単語を確認しましょう。

動画リストの
Lesson 10 シーン1 Step 3
をチェック！

【科目の名前】

- 算数・数学 Mathematics《マスマティックス》
  ＊「Math」と省略することが多い
- 理科 Science《サイエンス》
- 化学 Chemistry《ケミストリー》
- 生物 Biology《バイオロジー》
- 音楽 Music《ミュージック》
- 美術 Art《アート》
- 図工 Arts《アーツ》 and《アンド》 crafts《クラフツ》
- 社会 Social《ソーシャル》 studies《スタディーズ》
- 歴史 History《ヒストリー》
- 地理 Geography《ジオグラフィー》
- 体育 P.E.《ピーイー》
  ＊Physical educationの略
- 宗教学 R.E.《アール イー》
  ＊Religious educationの略

- 教科書 Textbook《テクストブック》

- ノート Notebook《ノートブック》
- えんぴつ Pencil《ペンシル》

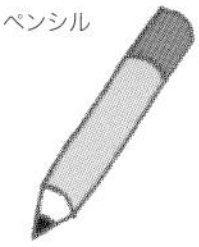

- 消しゴム Rubber《ラバー》

＊アメリカでは「Eraser」といいます

イギリスでは、5～11才まで小学校、
11～16才まで中学校で学びます。
その後、大学進学をめざす人は
6th《シックス》 form《フォーム》とよばれる学校で
2年間勉強をつづけ、
大学入学に必要な試験の準備を
するんですよ。

- 小学校 Primary《プライマリー》 school《スクール》
  ＊アメリカではElementary schoolといいます
- 中学校・高校 Secondary《セカンダリー》 school《スクール》
- 大学 University《ユニバーシティ》 / College《カレッジ》
- 校長先生（男性／女性） Headmaster《ヘッドマスター》 / Headmistress《ヘッドミストレス》
- 職員室 Teachers'《ティーチャーズ》 room《ルーム》
- 制服 Uniform《ユニフォーム》
- 休み時間 Break《ブレイク》
- プリント Worksheets《ワークシーツ》

② シーン2

食堂

お昼休みになり、マイは食堂へ。
友だちと給食を食べるようです。

Shephard's pie, please.
I would like lots of salad.
1
Here you go.
Thank you!
2
Where are you sitting?
Let's sit here!
3
Thank you.
It was delicious!
4

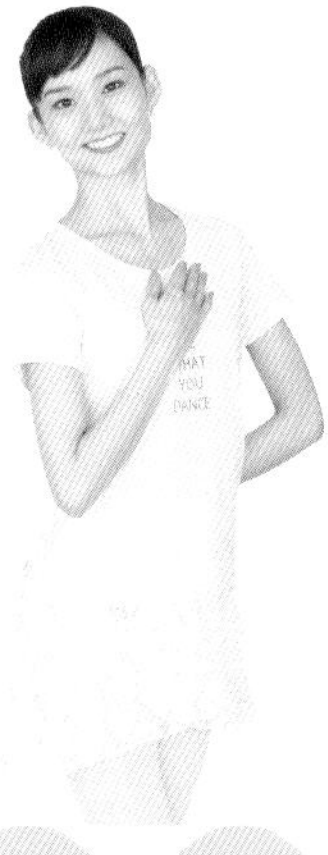

英語には「ごちそうさま」
という意味の言葉がないので、
食べ終わったことを伝えるときには
「It was delicious!」や
「I'm《アイム》 so《ソー》 full《フル》!：おなかいっぱい！」
といいましょう。

Step 1
会話をチェック！

セリフの日本語訳を確認しましょう。

動画リストの
Lesson 10 シーン2 Step 1
をチェック！

Shephard's《シェパーズ》 pie《パイ》, please《プリーズ》. I《アイ》 would《ウッド》 like《ライク》 lots《ロッツ》 of《オブ》 salad《サラッド》.
「シェパーズパイをお願いします。サラダを多くしてください。」

Here《ヒア》 you《ユー》 go《ゴー》. 「はい、どうぞ。」

Thank you《センキュー》! 「ありがとう！」

Where《ウェア》 are《アー》 you《ユー》 sitting《シティング》? 「どの席に座《すわ》る？」

Let's《レッツ》 sit《シット》 here《ヒア》! 「ここにしよう！」

Thank you《センキュー》. It《イット》 was《ワズ》 delicious《デリシャス》! 「おいしかったです！」

ゆきこ先生の
London★ライフ

ロイヤルでは、お昼の時間になると、みんなトレーをもって食堂の前にならびます。そこできちんと食事をとっているかどうかの確認として先生に名前をチェックしてもらってから食事を受け取り、食堂内の好きな場所に座って食べていました。メニューには英国料理のシェパーズパイやフィッシュアンドチップスもありましたね。デザートもあって、私はカスタードを使ったものが好きでした。また食堂にはつねにフルーツが置いてあったので、休憩時間によくりんごを丸かじりしていました（笑）。

Step 2
表現をチェック！

食事の時間によく使う表現を確認しましょう。

動画リストの
Lesson 10 シーン2 Step 2
をチェック！

♥シェパーズパイをお願いします
Shephard's《シェパーズ》 pie《パイ》, please《プリーズ》.

♥ポテトを少なめ（多め）でお願いします
Not《ノット》 many《メニィ》 (lots《ロッツ》 of《オブ》)
potatoes《ポテイトーズ》, please《プリーズ》.

♥どこにトレーをもどしたらいいですか？
Where《ウェア》 do《ドゥ》 I《アイ》 return《リターン》 the《ザ》 tray《トレイ》?

♥おなかがいっぱいで食べられません
I'm《アイム》 so《ソー》 full《フル》, I《アイ》 can't《カント》 eat《イート》 any《エニィ》 more《モア》.

♥たまごアレルギーなのですが、
この料理にたまごは使われていますか？
I'm《アイム》 allergic《アラージック》 to《ツゥ》 eggs《エッグス》.
Are《アー》 there《デア》 eggs《エッグス》 in《イン》 this《ディス》 meal《ミール》?

♥フォーク
Fork《フォーク》

♥スプーン
Spoon《スプーン》

♥ナイフ
Knife《ナイフ》

♥お皿
Plate《プレート》

給食には、
通常のものと肉や魚を食べない人用の
「Vegetarian《ヴェジタリアン》 menu《メニュー》」がある場合がほとんど。
どちらがほしいのかを
「Dinner《ディナー》 lady《レディー》：給食のスタッフ」へ
伝えましょう。

Homework

今回のレッスン内容をふまえた問題にチャレンジ！
リスニング問題は動画で英文を聞きながら
解いてみましょう。

動画リストの
Lesson 10 Homework
をチェック！

1. 下の単語と正しい意味を線でつなぎましょう。

Chemistry	美術
History	社会
Art	化学
Social studies	歴史

2. つぎの文章を、英文で書いてみましょう。

① わからないところがあるのですが…

There is a p_ _ _ I don’t

u_ _ _ _ _ _ _ _ _ _ _.

② サラダを多くしてください

I w_ _ _ _ like l_ _ _ of salad.

3. 動画で学校でのマイと友人の会話を聞いて、以下の質問に答えましょう。

① マイは教室に何を忘《わす》れていまいましたか？

(　　　　　　　　　　　　　　　　　　)

② ふたりは職員室へ何をしに行こうとしていますか？

(　　　　　　　　　　　　　　　　　　)

★答えは103ページへ

11 Lesson 病院へ行く

Lesson 11の音声はここからチェック！

① シーン1 診察を受ける

レッスン中に足をくじいてしまったマイ。
病院で診察《しんさつ》を受けることになりました。

Ouch!
I think I sprained my ankle.
We should go to the hospital.
What happened?
I sprained my ankle, and it hurts a lot.
Does it hurt here? Let's take an X-ray just in case.

Step 1
会話をチェック！

セリフの日本語訳を確認しましょう。

動画リストの
Lesson 11 シーン1 Step 1
をチェック！

Ouch!《アウチ》「痛い！」

I《アイ》 **think**《シンク》 **I**《アイ》 **sprained**《スプレインド》 **my**《マイ》 **ankle.**《アンクル》「足首をひねったみたいです。」

We《ウィー》 **should**《シュド》 **go**《ゴー》 **to**《ツゥ》 **the**《ザ》 **hospital.**《ホスピタル》
「病院へ行ったほうがいいわ。」

What《ワッツ》 **happened?**《ハップンド》「どうしましたか？」

I《アイ》 **sprained**《スプレインド》 **my**《マイ》 **ankle,**《アンクル》 **and**《アンド》 **it**《イット》 **hurts**《ハーツ》 **a**《ア》 **lot.**《ロット》
「足首をひねってしまって、とても痛いです。」

Does《ダズ》 **it**《イット》 **hurt**《ハート》 **here?**《ヒア》 **Let's**《レッツ》 **take**《テイク》 **an**《アン》 **X-ray**《エックスレイ》 **just**《ジャスト》 **in**《イン》 **case.**《ケース》
「ここは痛む？　念《ねん》のためレントゲンを撮《と》ろうか。」

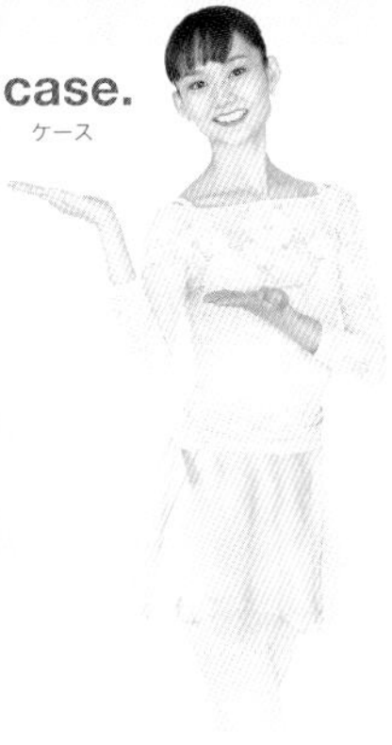

お医者さんの「どうしましたか？」
という質問では、ほかにも
「What's《ワッツ》 **the**《ザ》 **matter?**《マター》**」、**
「Where《ウェア》 **does**《ダズ》 **it**《イット》 **hurt?**《ハート》**：どこが痛いですか？」**
などの表現が使われます。

ゆきこ先生の London★ライフ

ロンドンで暮らしていたころ、体調が悪くなったときには日本人医師のいるメディカルクリニックにお世話になっていました。英語は話せましたが、やはり日本人の先生のほうがこまかい症状《しょうじょう》を伝えやすく、安心感がありましたね。みなさんもイギリスへ行くことがあったら、日系のプライベートホスピタル（私立病院）を確認しておくとよいと思います。

イギリスでは、かぜのひき始めにジンジャー（しょうが）を入れた飲み物や、はちみつレモンがよく飲まれます。マヌカハニーものどにいいと評判《ひょうばん》でしたね。

Step 2
表現をチェック！

体の不調を伝える表現を確認しましょう。

動画リストの
Lesson 11 シーン1 Step 2
をチェック！

♥足が痛いので、レッスンを見学していていいですか？
Can《カン》 I《アイ》 just《ジャスト》 watch《ウォッチ》 the《ザ》 lesson《レッスン》? My《マイ》 foot《フット》 hurts《ハーツ》.

♥おなかが痛いので、レッスンをお休みします
I《アイ》 will《ウィル》 be《ビー》 absent《アブセント》 from《フロム》 class《クラス》, because《ビコーズ》 I《アイ》 have《ハヴ》 a《ア》 stomach《スタマック》 ache《エイク》.

♥足首をひねってしまって、とても痛みます
I《アイ》 sprained《スプレインド》 my《マイ》 ankle《アンクル》, and《アンド》 it《イット》 hurts《ハーツ》 a《ア》 lot《ロット》.

♥気持ちが悪くて、はきそうです
I《アイ》 feel《フィール》 sick《シック》. I'm《アイム》 going《ゴーイング》 to《ツゥ》 throw《スロウ》 up《アップ》.

♥転んで血が出ています
I《アイ》 fell《フェル》 down《ダウン》 and《アンド》 I'm《アイム》 bleeding《ブリーディング》.

♥熱があります
I《アイ》 have《ハヴ》 a《ア》 temperature《テンプレッチャー》.

病院へ行く前に、電話で予約を取っておくとスムーズ。「Can I have an appointment with the doctor？（カン アイ ハヴ アン アポイントメント ウィズ ザ ドクター）：予約を取りたいのですが」と聞き、空いている日時を教えてもらいましょう

**「Temperature」は
「体温」という意味の単語ですが、
「Have a temperature」のときには
「熱がある」という意味に
なるんですよ。**

「Boots（ブーツ）」は、イギリスでメジャーなドラッグストア。かぜ薬など処方せんがなくても購入できる薬（Over-the-counter：オーバーザ カウンター）の販売もしています

Step 3
単語をチェック！

病院でよく使う単語を確認しましょう。

動画リストの
Lesson 11 シーン1 Step 3
をチェック！

【体の症状の単語】

- 喉《のど》の痛み Sore《ソー》 throat《スロート》
- 鼻水 Runny《ラニー》 nose《ノーズ》
- せき Cough《コオフ》
- 頭痛 Headache《ヘデイク》
- 腹痛 Stomach《スタマック》 ache《エイク》
- 風邪《かぜ》 Cold《コールド》
- げり Diarrhea《ダイアリア》
- ねんざ Sprain《スプレイン》
- 骨折《こっせつ》 Fracture《フラクチュア》

  Broken《ブロークン》 bone《ボーン》

【病院に関する単語】

- 病院 Hospital《ホスピタル》
- 医師 Doctor《ドクター》
- 看護師《かんごし》 Nurse《ナース》
- 薬剤師《やくざいし》 Pharmacist《ファーマシスト》
- 薬 Medicine《メディシン》
- レントゲン X-ray《エックス　レイ》
- 保険証《ほけんしょう》 Health《ヘルス》 insurance《インシュアランス》 card《カード》
- 処方《しょほう》せん Prescription《プリスクリプション》
- 紹介状 Letter《レター》 of《オブ》 reference《レファランス》
- 診察《しんさつ》 Medical《メディカル》 examination《エグザミネーション》

「かぜをひいた」は
「caught《コート》 a《ア》 cold《コールド》」といいます。
病院へ行ったら、くわしい症状《しょうじょう》を説明しましょう。
たとえば昨日からのどの痛みがあって熱っぽいときは、
「I《アイ》 have《ハヴ》 a《ア》 sore《ソー》 throat《スロート》 since《シンス》 yesterday《イェスタディ》 and《アンド》
I《アイ》 feel《フィール》 I《アイ》 have《ハヴ》 a《ア》 temperature《テンプレッチャー》.」
と伝えましょう。

② シーン2

薬局

病院で診察を受けたマイ。
薬をもらいに薬局へ行くようです。

You don’t have a fracture.
I will give you
cold patches.
When can
I start my ballet
lessons?
Rest for one week.
If there’s no pain,
you can start slowly.
I’d like my medicine,
please.
Do you have your health
insurance card?
Here are your cold patches.
Please take care.
Thank you.

「Take care」は「おだいじに」という
意味以外に、ふだんのあいさつとして
「さようなら」のかわりに
使われることもあります。

Step 1
会話をチェック!

セリフの日本語訳を確認しましょう。

動画リストの
Lesson 11 シーン2 Step 1
をチェック！

You《ユー》 don't《ドント》 have《ハヴ》 a《ア》 fracture《フラクチュア》. I《アイ》 will《ウィル》 give《ギブ》 you《ユー》 cold《コールド》 patches《パッチーズ》.
「骨折はしていないね。湿布《しっぷ》を出します。」

When《ウェン》 can《カン》 I《アイ》 start《スタート》 my《マイ》 ballet《バレエ》 lessons《レッスンズ》?
「バレエのレッスンはいつから行っていいですか？」

Rest《レスト》 for《フォー》 one《ワン》 week《ウィーク》.
If《イフ》 there's《デアズ》 no《ノー》 pain《ペイン》, you《ユー》 can《カン》 start《スタート》 slowly《スローリー》.
「1週間は安静《あんせい》にして。痛みがなければ少しずつ始めてもいいよ。」

I'd《アイド》 like《ライク》 my《マイ》 medicine《メディシン》, please《プリーズ》. 「薬をお願いします。」

Do《ドゥー》 you《ユー》 have《ハヴ》 your《ユア》 health《ヘルス》 insurance《インシュアランス》 card《カード》? 「保険証はもっていますか？」

Here《ヒア》 are《アー》 your《ユア》 cold《コールド》 patches《パッチーズ》. Please《プリーズ》 take《テイク》 care《ケア》.
「はい、湿布です。おだいじにね。」

Thank you《センキュー》. 「ありがとう。」

教えて！
ゆきこ先生！

ロイヤル・バレエでのボディケア

ロイヤル・バレエへ研修に行っておどろいたのは、ダンサー専用のトレーニング・ケアスペースが充実していること。ピラティスルームやジムのようなマシンが置いてあるスペース、マッサージや治療《ちりょう》が受けられるスペースなどに分かれていて、専門のスタッフも常駐《じょうちゅう》しています。2019年にロイヤル・バレエを訪《おとず》れてみると、その設備がさらに強化されていました！

研修中に足首の調子が悪くなったときには、メディカルスタッフが病院の検査《けんさ》の手配をしてくれたり、専用の治療やトレーニングのメニューを組んでくれたり、手厚くケアしてくれました。ケガをしたダンサーには、体の面だけでなく、メンタル面でのサポートもしているそう。ダンサーが安心して踊れる環境がしっかり整っていることが印象的でした。

Step 2
表現をチェック！

病院や薬局でよく使う表現を確認しましょう。

動画リストの
Lesson 11 シーン2 Step 2
をチェック！

♥バレエのレッスンはいつから行っていいですか？
When《ウェン》 can《カン》 I《アイ》 start《スタート》 my《マイ》 ballet《バレエ》 lessons《レッスンズ》?

♥また来週診察に来てください
Please《プリーズ》 come《カム》 for《フォー》 an《アン》 examination《エグザミネーション》 again《アゲイン》 next《ネクスト》 week《ウィーク》.

♥薬をお願いします
I'd《アイド》 like《ライク》 my《マイ》 medicine《メディシン》, please《プリーズ》.

♥保険証はもっていますか？
Do《ドゥー》 you《ユー》 have《ハヴ》 your《ユア》 health《ヘルス》 insurance《インシュアランス》 card《カード》?

♥薬のアレルギーはありますか？
Do《ドゥー》 you《ユー》 have《ハヴ》 any《エニィ》 allergies《アラジーズ》 to《ツゥ》 medication《メディケーション》?

♥いいえ、ありません
No《ノー》, I《アイ》 don't《ドント》.

♥おだいじに
Please《プリーズ》 take《テイク》 care《ケア》.

病院や薬局では、「Can I have your date of birth?(カン アイ ハヴ ユア デイト オブ バース)」と生年月日を聞かれることが多くあります。自分の生年月日を「月・日にち・年」または「日にち・月・年」の順でいえるようにしておきましょう。たとえば2009年7月1日生まれなら「July 1st 2009.」となります

「薬を飲む」は
「Take《テイク》 medicine《メディシン》」、
「薬をぬる」は「apply《アプライ》 medicine《メディシン》」
といいます。

Homework

今回のレッスン内容をふまえた問題にチャレンジ！
リスニング問題は動画で英文を聞きながら
解いてみましょう。

動画リストの
Lesson 11 Homework
をチェック！

1. 動画で単語を聞いて、クロスワードを完成させましょう。

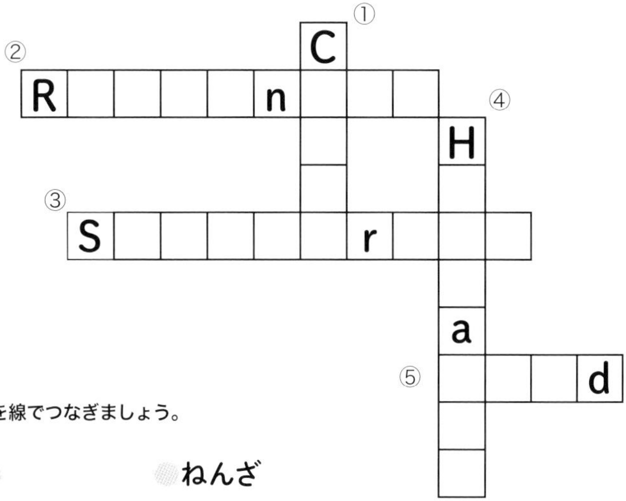

2. 下の単語と正しい意味を線でつなぎましょう。

Pharmacist	ねんざ
X-ray	レントゲン
Sprain	処方せん
Prescription	薬剤師

3. つぎの文章を、英文で書いてみましょう。

① 足首をひねってしまって、とても痛いです

I sprained my a _ _ _ _ , and it h _ _ _ _ a lot.

② バレエのレッスンはいつから行っていいですか？

When can I s _ _ _ _ my b _ _ _ _ _ lessons?

★答えは103ページへ

12 Lesson 帰国する

Lesson 12の音声はここからチェック!

① シーン1 最後のレッスン

父親の仕事の都合で、日本へ帰ることになったマイ。
今日はイギリスで受ける最後のレッスンです。

That's all for today.
Ms. Caroline, thank you for everything you have done for me. I will never forget you.
We will miss you Mai. Good luck with your ballet in Japan.
Thank you.
I'll be doing a farewell party. Please come everyone!

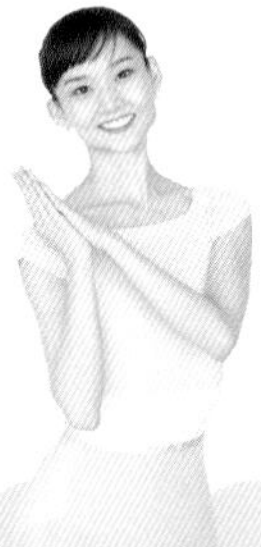

「Farewell」は「お別れ」という意味。
まわりの友人が開いてくれることもありますが、
今回のように送別される人が
開くこともあります。

Step 1
会話をチェック!

セリフの日本語訳を確認しましょう。

動画リストの
Lesson 12 シーン1 Step 1
をチェック!

That's《ザッツ》 all《オール》 for《フォー》 today《トゥデイ》. 「今日はここまで。」

Ms.《ミズ》 Caroline《キャロライン》, thank you《サンキュー》 for《フォー》 everything《エヴリシング》 you《ユー》 have《ハブ》 done《ダン》 for《フォー》 me《ミー》.
I《アイ》 will《ウィル》 never《ネヴァー》 forget《フォゲット》 you《ユー》.
「ミズ.キャロライン、いままでほんとうにありがとうございました。先生のことは忘れません。」

We《ウィー》 will《ウィル》 miss《ミス》 you《ユー》 Mai《マイ》. Good《グッド》 luck《ラック》 with《ウィズ》 your《ユア》 ballet《バレエ》 in《イン》 Japan《ジャパン》.
「マイがいなくなるのはさびしいわ。日本でもバレエがんばってね。」

Thank you《サンキュー》. 「ありがとうございます。」

I'll《アイル》 be《ビー》 doing《ドゥーイング》 a《ア》 farewell《フェアウェル》 party《パーティー》. Please《プリーズ》 come《カム》 everyone《エヴリワン》!
「お別れパーティーをするの。みんな来てね!」

ゆきこ先生の
London★ライフ

イギリスでは、何かイベントがあるとパーティーをすることが多いです。家のお庭にBouncy castle(バウンシーキャッスル:空気を入れ、なかに入って弾んで遊ぶ巨大な遊び道具)があったり、マジシャンを招《まね》いたりして、とても豪華《ごうか》なんですよ。とくに思い出に残っているのは、子ども劇場で開いてもらった自分の誕生日パーティー。みんなで子ども向けの演劇を見たあとに、その劇場でパーティーをしました。ロンドンらしい、すてきな思い出です。

私がイギリスから日本に帰国することが決まったのは、ロイヤル・バレエ・スクールがお休みの期間中でした。ですから最後のレッスンも実感のないまま終わってしまって……。休み明けにみんながレッスンをしているところにあいさつへ行って、たくさん泣いたのを覚えています。当時はまだいまのようにインターネットが普及《ふきゅう》していなかったので、仲のよい友だちとは文通をしていました。海外から届く手書きのお手紙はうれしかったです!

Step 2
表現をチェック!

お別れを伝える表現を確認しましょう。

動画リストの
Lesson 12 シーン1 Step 2
をチェック!

来月日本へ帰ることになりました
I'm《アイム》 going《ゴーイング》 back《バック》 to《ツゥ》 Japan《ジャパン》 next《ネクスト》 month《マンス》.

父の仕事の関係で、アメリカへ行くことになりました
I'm《アイム》 going《ゴーイング》 to《ツゥ》 the《ザ》 States《ステイツ》, because《ビコーズ》 my《マイ》 father《ファザー》 works《ワークス》 there《デア》.

いままでほんとうにありがとうございました
Thank you《サンキュー》 for《フォー》 everything《エヴリシング》 you《ユー》 have《ハヴ》 done《ダン》 for《フォー》 me《ミー》.

無事の帰国を祈っています
I wish《アイ ウィッシュ》 you《ユー》 a《ア》 safe《セーフ》 journey《ジャーニー》 back《バック》 home《ホーム》.

長期休みなどで一時帰国をする場合は、文末に「shortly（ショートリィ）」や「for a short stay（フォー ア ショート ステイ）」をつけます。
例:「I'm going back home shortly during the summer vacation to see grandparents.（アイム ゴーイング バック ホーム ショートリィ ドゥーリング ザ サマー ヴァケーション ツゥ シー グランドペアレンツ）:祖父母に会いに、夏休みに一時帰国します」

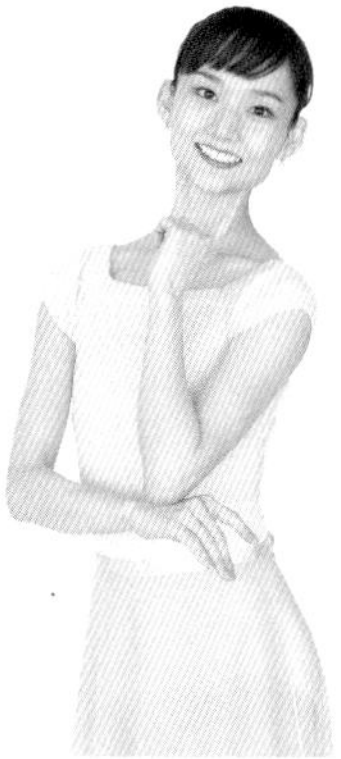

「go back home」は
「家に帰る」だけでなく、
「帰国する」という意味もあるんですよ。
アメリカは、「the States」のほかにも
「the US《ザ ユーエス》」と表現することもあります。
ちなみにイギリスは
「The《ザ》 United《ユナイテッド》 Kingdom《キングダム》」「The《ザ》 UK《ユーケー》」
と表現します。

Step 3
招待状の書き方をチェック!

招待状の書き方を確認しましょう。

招待状にはよく、「RSVP」と書かれています。
これは「Répondez s'il vous plaît
（フランス語でお返事願います、の意味）」の略語なんですよ。
この招待状だと、
「9月6日までに、マイのお母さんへお返事願います」
という意味になります。

パーティーのタイトルを書きます

日時や場所を
書きましょう。
イギリスでは
曜日・日にち・月の順に
書くのがメジャーです

You are invited to Mai's farewell party.

Date: Sunday, 13th September
Time: 11am to 2pm
Place: My house

Join us for a special lunch.
Let's talk about our memories together.
（いっしょにスペシャルなランチを楽しみながら、思い出を語りましょう！）

RSVP to Mai's mum by 6th Sep
000-000-000
maimama@×××××

返信のしめ切り日と
連絡先を書きます

イギリスではイベントごとに
さまざまなパーティーが行われます。

Birthday party
（バースデイ パーティー）
誕生日パーティー

Halloween party
（ハロウィーン パーティー）
ハロウィーンパーティー

Graduation party
（グラデュエーション パーティー）
卒業パーティー

2
シーン2

お別れパーティー

今日は帰国前のお別れパーティー。
みんながマイの家に集まってきました。

1
Welcome!
Thank you for inviting me!
2
Let's get the party started!!
Everyone, please enjoy!
3
This is a present from us.
Oh! I'm so happy!
4
Let's keep in touch, after you go back to Japan.
Thank you so much everyone!

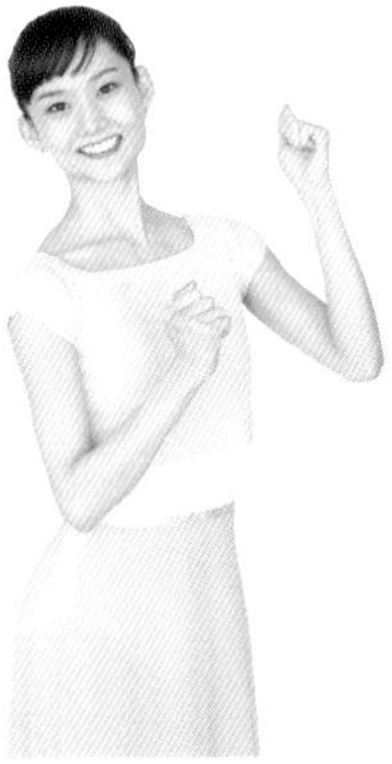

イギリスのパーティーでは、
「hip《ヒップ》 hip《ヒップ》 horray《ホレイ》!」
というかけ声がよく使われます。
これは日本のばんざいと同じような
感謝や祝福を表すもので、
大きな声で3回くり返します。
パーティーの最後にいうことが多いですね。

Step 1
会話をチェック!

セリフの日本語訳を確認しましょう。

動画リストの
Lesson 12 シーン2 Step 1
をチェック!

Welcome《ウェルカム》! 「ようこそ!」

Thank you《サンキュー》 for《フォー》 inviting《インヴァイティング》 me《ミー》! 「お招きありがとう!」

Let's《レッツ》 get《ゲット》 the《ザ》 party《パーティー》 started《スターティド》!! 「さあ、パーティーを始めましょう!」

Everyone《エヴリワン》, please《プリーズ》 enjoy《エンジョイ》! 「みんな楽しんでね。」

This《ディス》 is《イズ》 a《ア》 present《プレゼント》 from《フロム》 us《アス》. 「これ、私たちからのプレゼント。」

Oh《オゥ》! I'm《アイム》 so《ソー》 happy《ハッピー》! 「わあ! うれしい!」

Let's《レッツ》 keep《キープ》 in《イン》 touch《タッチ》, after《アフター》 you《ユー》 go《ゴー》 back《バック》 to《ツゥ》 Japan《ジャパン》.
「日本に帰っても連絡取り合おうね。」

Thank you《センキュー》 so《ソー》 much《マッチ》 everyone《エヴリワン》! 「みんな、ありがとう!」

教えて! ゆきこ先生!

エアメールの書き方

エアメールは、下のイラストのように便せんの左上に自分の名前と住所、右下に相手の名前と住所を書きます。自分の名前の前に「From」、相手の名前の前に「To」を書くとていねいですよ。切手は右上にはりましょう。国名を書くときはすべて大文字で。航空便《こうくうびん》だということがわかるよう、青色で「VIA AIR MAIL」を忘れずに書いてくださいね。

イギリスでは、年賀状《ねんがじょう》の代わりにクリスマスカードを送り合うことが多いです。クリスマスカードを送る場合は、封筒《ふうとう》に「Xmas Card」と書いておきましょう。

①自分の名前
②番地やマンション名
③市区町村名、都道府県名
④郵便番号、国名
⑤航空便であることの記載
⑥相手の名前
⑦番地、町村、ストリート名
⑧市区、州
⑨郵便番号(Zip code)
⑩国名

Step 2
表現をチェック!

お別れパーティーでよく使う表現を確認しましょう。

動画リストの
Lesson 12 シーン2 Step 2
をチェック!

♡お招きありがとう
Thank you《センキュー》 for《フォー》 inviting《インヴァイティング》 me《ミー》.

♡みんな来てくれてありがとう
Thank you《センキュー》 all《オール》 for《フォー》 coming《カミング》.

♡日本に帰っても連絡取り合おうね
Let's《レッツ》 keep《キープ》 in《イン》 touch《タッチ》 after《アフター》 you《ユー》 go《ゴー》 back《バック》 to《ツゥ》 Japan《ジャパン》.

♡メールするね!
I'll《アイル》 email《イーメイル》 you《ユー》!

♡みんなほんとうにありがとう! これからも連絡取り合おうね
Thank you《センキュー》 so《ソー》 much《マッチ》 everyone《エヴリワン》. Please《プリーズ》 keep《キープ》 in《イン》 touch《タッチ》.

「メールするね」の表現は
「I'll email you!」のほかに、
「I'll《アイル》 text《テクスト》 you《ユー》.」
もよく使われます。

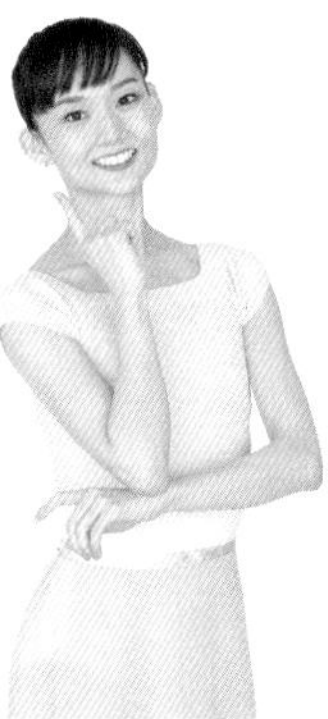

Homework

今回のレッスン内容をふまえた問題にチャレンジ！
リスニング問題は動画で英文を聞きながら
解いてみましょう。

動画リストの
Lesson 12 Homework
をチェック！

1. マイがパーティーを開くようです。動画で文章を聞いて、以下の質問に答えましょう。

①何のパーティーが開かれますか？

A：卒業パーティー

B：お別れパーティー

C：ハロウィーンパーティー

②開催《かいさい》される場所はどこですか？

(　　　　　　　　　　　　　　　　　　　　　　)

③返事のしめ切りはいつですか？

(　　　　　　　　　　　　　　　　　　　　　　)

2. つぎの文章を、英文で書いてみましょう。

① いままでほんとうにありがとうございました

Thank you for e _ _ _ _ _ _ _ _ _ _ you have d _ _ _ for me.

② 日本に帰っても連絡取り合おうね

Let’s k _ _ _ in t _ _ _ _ after you go back to Japan.

★答えは103ページへ

Homeworkの答え

Lesson1

(1)　①C　②B　③A

問題の単語

①Good morning　②Excuse me　③Goodbye

(2)　①フランス　②5年　③10才

問題の文章

My name is Emma. I'm from France. I go to the same ballet school as Mai. I have been learning ballet for 5 years, and I am 10 years old.

Lesson2

(1)　①Leotard　②Dance bag　③Towel
　④Legwarmers　⑤Ballet shoes

(2)　①Where is the toilet?
　②Please tell me the way to the changing room.
　③Which barre should I use?

(3)　①シャワールーム
　②2階
　③入口のとなりにある棚

問題の文章

Lily, I'll show you around the ballet school. This is the changing room, and the shower room is on the left. The studio is upstairs. Put your pointe shoes on the shelf next to the entrance.

Lesson3

(1)　①Finger　②Arm　③Head　④Inner thigh　⑤Toe

(2)　①Let's begin class.　②Pull up your stomach.

(3)　①デヴェロッペ　②おなかを引き上げる　③ひざをのばす

問題の文章

Developpe with the left hand on the barre. Lift your leg slowly, and keep. Mai, pull up your stomach. Alice, stretch your knees. Mai, Alice, much better!

Lesson4

(1)　①B　②A　③C

(2)　①Could you repeat that again?
　②Let's warm up the feet on the barre.

(3)　①3人　②ピルエット　③どちらの足が前か

問題の文章

Line up in threes, and we'll do pirouettes. Right foot front in 5th and pirouette en dehours, then into pirouette en dedans, finish in 5th, and tombe pas de bouree to pirouette en dehours. Do you understand?

—Miss. Bennett, I have a question.

Yes, Lily.

—Could you tell me which foot is front?

It's the right foot.

Lesson5

(1)

										C	
										i	
R	a	y	m	o	n	D	a			n	
						o				d	
			S	w	a	n	L	a	k	e	
						Q				r	
						u				e	
					G	i	s	s	e	l	e
						x				l	
						o				a	
						t					
						e					

(2)　①I'd like to leave this coat here.
　②Please tell me where my seat is.

(3)　①8ポンド　②眠れる森の美女　③ボックスオフィス

問題の文章

1 programme and 1 ice-cream please.

–It's 8 pounds.

Thank you.Where can I buy tickets for the Sleeping Beauty?

—You can buy them at box office.

Lesson6

(1)　①B　②A

(2)　①I would like to have new pointe shoes.
　②Can I try this on?

(3)　①ソールが柔らかすぎるため　②23cm　③ノートブック

問題の文章

Are you looking for something?

—I'm looking for new pointe shoes. The sole of the shoes I'm wearing now is a bit too soft.

I see. What size are you?

—I don't know the U.K. size, but I am 23cm.

How about these?

—They are perfect! I'll take these. I would like this notebook as well. Please can I have them gift wrapped for my friend.

OK.

Lesson7

(1)　①8ポンド　②8ポンド　③12ポンド
(2)　①Are you ready to order?
　　②Can I have the bill, please?
(3)　①レモネード、アップルクランブル、ミルクティー　②10ポンド

問題の文章
Hello, two people.
—Hello, this way please.
—Are you ready to order?
I'll have lemonade, apple crumble, and white tea please.
—Certainly. It's 10 pounds.

Lesson8

(1)
Normal operation●　●料金
Arrival●　●到着
Delayed●　●遅延
Fare●　●通常運行

(2)　①I'm getting off here.
　　②I would like to charge 20 pounds please.
(3)　①30分　②15番のバス

問題の文章
Excuse me, How many minutes is the underground delayed?
—It's 30 minutes delayed.
I'm in a hurry to go to the Royal Opera House. How should I go?
—Take the number 15 bus from the bus stop in front of the station, and get off at Leicester Square. You will see the Royal Opera House if you walk a little.
Thank you very much!

Lesson9

(1)
Sick bay●　●門限
Pillow●　●医務室
Lights-out●　●まくら
Curfew●　●消灯

(2)　①Hello, I'm Emma. It's my first day here.
　　②This is my washing please!
(3)　①医務室　②金曜日

問題の文章
Oh, Lucy. Do you know where the housemother is?
—She was in sick bay a while ago. What happened?
I forgot when the washing day was for my ballet wear.
—Ballet wear is Friday.
Thank you!

Lesson10

(1)
Chemistry●　●美術
History●　●社会
Art●　●化学
Social studies●　●歴史

(2)　①There is a part I don't understand.
　　②I would like lots of salad.
(3)　①消しゴム　②数学のわからないところを質問しに行く

問題の文章
Mai, you forgot your rubber in the classroom.
—Thank you! I forgot, because I was in a hurry.
Where are you going?
—There was a part I didn't understand in math, so I 'm going to the teachers' room to ask.
Is it about the question for homework? I didn't understand as well. Can I go with you?
—Yes, of course!

Lesson11

(1)

						C						
R	u	n	n	y	n	o	s	e				
						u			H			
						g			e			
	S	o	r	e	t	h	r	o	a	t		
									d			
									a			
									c	o	l	d
									h			
									e			

(2)
Pharmacist●　●ねんざ
X-ray●　●レントゲン
Sprain●　●処方せん
Prescription●　●薬剤師

(3)
①I sprained my ankle, and it hurts a lot.
②When can I start my ballet lessons?

Lesson12

(1)　①ハロウィーンパーティー　②学校の教室　③10月23日

問題の文章
Alice, we are having a Halloween party at my school. Will you come?
It's on 30th October, at the school classroom.
I would be happy if you would reply with email, by the 23rd of October.

(2)　①Thank you for everything you have done for me.
　　②Let's keep in touch after you go back to Japan.

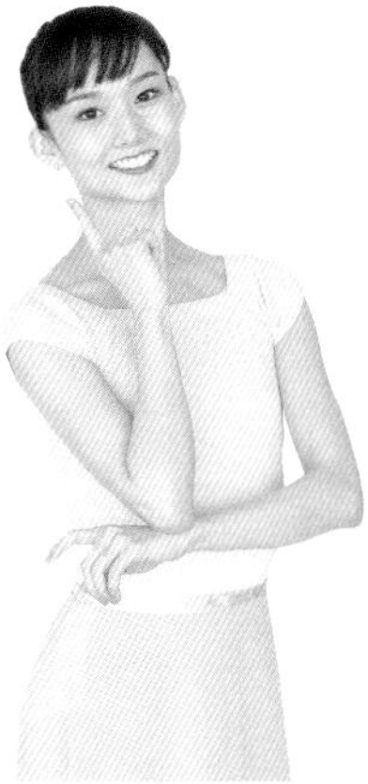

伊藤友季子 (いとう・ゆきこ)

4才のとき、父親の仕事の関係で渡英。5才よりバレエを始める。Royal Academy of Dance (RAD)、Royal Ballet Junior Associate (JA)で学んだ後、Royal Ballet Schoolへ入学。子役としてロイヤル・バレエ団の公演に出演する。帰国後、橘バレヱ学校、新国立劇場バレエ研修所を経て、03年に牧阿佐美バレヱ団に入団。プリンシパルとして『白鳥の湖』『眠れる森の美女』『ライモンダ』『ジゼル』など多くの公演で主演を務める。在団中、文化庁芸術家海外研修員としてロイヤル・バレエ団の2010/2011シーズンに参加。15年に退団し、現在は主宰するバレエスタジオLilac Ballet Houseで後進の指導にあたるほか、「Dance the Dreamプロジェクト」を立ち上げ、次世代のダンサーをサポートしている。

レッスンや留学で使える！

シーン別 バレリーナに教わる

バレエ♥英会話

指導 伊藤友季子

Clara 編

初出 「クララ」2019年10月号～2020年3月号、5～10月号

イラスト 小野恵理

写真 政川慎治

英文監修 Chris Drake

表紙・本文レイアウト SDR（新書館デザイン室）

2021年3月25日 初版第1刷発行

発行者 三浦和郎

発行 株式会社 新書館

編集：〒113-0024 東京都文京区西片2-19-18 TEL03-3811-2871 FAX03-3811-2501

営業：〒174-0043 東京都板橋区坂下1-22-14 TEL03-5970-3840 FAX03-5970-3847

印刷・製本 中央精版印刷株式会社

Printed in JAPAN ISBN 978-4-403-33073-5